Robert Wise

An der Schwelle zur Ewigkeit

Was wir von Sterbenden fürs Leben lernen können

Deutsch von Wolfgang Günter

FSC
Mix
Produktgruppe aus vorbildlich
bewirtschafteten Wäldern und
anderen kontrollierten Herkünften
Zert.-Nr. SGS-COC-1940
www.fsc.org
© 1996 Forest Stewardship Council

Verlagsgruppe Random House
FSC-DEU-0100
Das für dieses Buch verwendete
FSC-zertifizierte Papier *Super Snowbright*
liefert Hellefoss AS, Hokksund, Norwegen.

Die Bibelzitate wurden, sofern nicht anders angegeben,
den folgenden Bibelübersetzungen entnommen:
Gute Nachricht Bibel, revidierte Fassung, durchgesehene Ausgabe in neu-
er Rechtschreibung, © 2000 Deutsche Bibelgesellschaft, Stuttgart.
Mit L84 gekennzeichnete Bibelstellen wurden zitiert nach:
Lutherbibel, revidierter Text 1984, durchgesehene Ausgabe in neuer
Rechtschreibung, © 1999, Deutsche Bibelgesellschaft, Stuttgart.

1. Auflage 2009
Bestell-Nr. 816 373
ISBN 978-3-86591-373-9
Umschlaggestaltung: Hanni Plato
Umschlagfoto: iStock/Paulus Rusyanto
Satz: Typostudio Rücker
Druck und Verarbeitung: GGP Media GmbH, Pößneck
Printed in Germany

Inhalt

Dank

Meine höchste Wertschätzung gilt den Menschen, die mit mir über ihre außergewöhnlichen Erfahrungen gesprochen haben. Um ihre Privatsphäre zu schützen, habe ich häufig Pseudonyme benutzt. Andere allerdings gaben mir ihre Einwilligung oder baten mich sogar darum, sie mit ihrem richtigen Namen zu nennen. Ich weiß ihre Offenheit und Bereitschaft, ihre Identität offenzulegen, sehr zu schätzen. Zu tiefer Dankbarkeit bin ich Cindi Pursely verpflichtet, die mir so viel aus ihrem Berufsalltag als Krankenschwester im Hospiz und aus der Arbeit mit Sterbenden erzählt hat. Ihre Erkenntnisse inspirieren mich immer wieder.

Bernice McShane übernahm die anstrengende Aufgabe, den Text Korrektur zu lesen. Danke, Bernie!

Wie immer bin ich meinem guten Freund und Literaturagenten Greg Johnson dankbar.

Einleitung

Jack Oscar gehört zu der immer mehr schwindenden Schar der Menschen, die den Ersten Weltkrieg überlebt haben. Er wurde vor Kurzem 106 Jahre alt. Trotz dieses hohen Alters konnte er seine Erinnerungen an den ersten Menschen, den er in diesem Krieg sterben sah, mit erstaunlicher Klarheit schildern. Jacks Gedächtnis funktioniert immer noch einwandfrei, und obwohl er die magische Grenze von 100 Jahren überschritten hat, sprudelten die Erinnerungen nur so aus ihm heraus, als hätte er all das erst gestern erlebt.

Nachdem Jacks Einheit die Kreidefelsen von Dover hinter sich gelassen hatte, landete sein Schiff an der französischen Nordseeküste. Das durchdringende Geknatter der Maschinengewehre ließ ihn zusammenfahren. Niemals zuvor hatte er solch einen furchterregenden Lärm gehört. Bomben explodierten im offenen Gelände und veranlassten Jack, sich reflexartig auf den Boden zu kauern, während er den Lärm der Explosionen und herumfliegenden Schrapnelle im Ohr hatte. Der beißende Geruch von Schießpulver und Rauch setzte sich in seinen Lungen fest. Trotzdem kämpfte sich seine Kompanie durch Dreck und Schutt weiter vor.

Gegen Mittag erreichte die britische Einheit einen Hügel. Sie mussten die Kuppe überwinden, und jeder Einzelne von ihnen wusste, dass auf der anderen Seite der Tod auf sie wartete. Mit eiskalter Furcht im Herzen begannen die Soldaten den Anstieg und passierten die Kuppe. Auf der anderen Seite stolperte Jack über den zerfetzten Körper eines guten Kameraden.

Sein Freund war gerade den Abhang hinuntergelaufen, als die deutschen Maschinengewehre das Feuer auf der anderen Seite des Tals eröffneten. Eine Salve traf ihn in der Schulter, bevor sich der Bleiregen über seine Brust und den gesamten Körper ergoss. Als der Soldat zur Erde fiel, lagen die Überreste seines Magens neben ihm. Der Mann wand sich vor Schmerzen, seine inneren Organe quollen aus seinem Bauch heraus. Jack hockte sich neben seinen Freund, um zu sehen, ob er irgendetwas für ihn tun konnte.

„Erschieß mich!", schrie der verwundete Soldat. „Bitte! Erlöse mich von diesen Schmerzen!"

Die Todesqualen dieses Mannes waren schlimmer als alles, was Jack im Lauf von sechs Menschenleben hätte zu Gesicht bekommen können. Er wusste nicht, was er tun sollte, griff jedoch halbherzig zu seinem Gewehr.

Plötzlich veränderte sich die Miene des Manns, und sein Wimmern verstummte. Er streckte die Hand aus, und ein strahlendes Lächeln umspielte seine Lippen. Leise sagte er: „Mutter!" Und mit einem Lächeln auf den Lippen starb er.

Jack erlebte die letzten 60 Sekunden im Leben dieses Mannes mit, und 88 Jahre später konnte er sich noch genauso lebhaft daran erinnern, als wäre es erst Minuten zuvor geschehen. Jack hatte gewusst, dass die Mutter dieses Mannes bereits einige Jahre vor dem Krieg gestorben war. Nach all diesen Jahren glaubt er heute immer noch ganz sicher, dass der sterbende Mann in seinen letzten

Sekunden seine verstorbene Mutter sah, die ihm auf dem französischen Schlachtfeld entgegenkam, um ihn nach Hause zu holen.

Ich werde Ihnen viele ähnliche Geschichten erzählen. Sie können Ihnen auf verschiedene Weise helfen. Jedes Kapitel zeigt eine andere Facette des letzten Weges. Der Tod ist offensichtlich unausweichlich – und gleichzeitig ist er das letzte große Thema, dem wir so lange wie möglich aus dem Weg gehen. Solange der Verstorbene nur irgendwo in der Nachbarschaft gewohnt hat, können wir es als Thema abtun, das eben jemand anderen betrifft. Doch wenn es uns ganz persönlich nahe kommt, weil ein Familienangehöriger oder ein Freund stirbt – jemand, mit dem wir zusammengelebt haben oder den wir gut kannten –, wird uns ganz flau zumute. Dieses Buch hat das Ziel, Ihnen beim Überwinden dieser Furcht zu helfen.

Kommen wir über ein makaberes Unbehagen angesichts des Unvermeidlichen hinaus? Ja. Ist es möglich, den Tod sogar als Teil und Krönung des Lebens zu feiern? Ich glaube schon.

Mit den Geschichten in diesem Buch will ich Ihren Blickwinkel erweitern und Ihnen eine neue Gelassenheit im Umgang mit dem Unvermeidlichen vermitteln. All die unterschiedlichen Geschichten zeugen von einer Realität, die sich unserem Verständnis entzieht. Vielleicht sind Sie sogar überrascht, wie positiv und hoffnungsvoll man dieses Thema füllen kann.

In vielen Fällen vermeidet man es tunlichst, einen Bekannten in der Klinik oder zu Hause zu besuchen, der im Sterben liegt, und bemüht sich nach Kräften, einem Gespräch oder einer Begegnung mit ihm aus dem Weg zu gehen. Andere nehmen aus irgendwelchen Gründen an, dass todkranke Menschen sich auf wundersame Weise verändern und plötzlich die Beziehungen, die sie ein ganzes Leben lang genossen haben, nicht mehr brauchen. Zwar stimmt es, dass uns der Tod auf unserer letzten Runde um die Bahn an einen anderen Ort führt, doch braucht jeder Mensch trotzdem bis zum Ende Wärme und Fürsorge. Ich möchte Ihnen daher auch deutlich machen, dass Ihre ausgestreckte Hand von denjenigen dankbar ergriffen wird, die sich darauf vorbereiten, unsere Welt zu verlassen.

Viele Menschen sind unsicher, wie man mit jemandem redet, der an der Schwelle des Todes steht. Der Gedanke daran, mit jemandem ein Gespräch zu führen, der dem Tod nah ist, kann bedrohlich sein oder düstere Vorahnungen auslösen. Folglich reden sich die Menschen dann oft ein, dass der Betreffende gar nicht sterben wird, oder sie versuchen die Situation zu verdrängen. Sie schauen in die andere Richtung, und der Sterbende bezahlt dafür mit Einsamkeit. Ich glaube, dass wir dieses Bild ändern können. Wenn Sie dieses Buch gelesen haben, werden Sie, so hoffe ich, solche Gefühle nicht mehr hegen. Sie werden entdecken, dass es gut und wichtig ist, mit Sterbenden zu reden und ihren letzten Empfindungen und Wahrnehmungen auf die Spur zu kommen.

Unsere Aufgabe ist es zu lernen, wie man die richtigen Fragen stellt, die es dem Sterbenden erlauben, sich wirklich offen mitzuteilen. Wollen Sie nicht irgendwie doch wissen, wie es sich anfühlt, über die letzte Schwelle zu treten?

Um diesen Fragen nachzugehen, müssen wir in der

Lage sein, ohne Panikgefühle über den Tod nachzudenken und uns mit der Vorstellung zu versöhnen, dass wir selbst irgendwann einmal sterben müssen. Ich hoffe, wenn Sie dieses Buch aus der Hand legen, haben Sie Frieden mit dem Gedanken geschlossen, dass auch Sie eines Tages an der Reihe sind.

Mehr als alles andere liegt mir jedoch am Herzen, Ihnen eine Verheißung mitzugeben, die Christen schon seit Jahrhunderten ermutigt: Weil Jesus Christus von den Toten auferstand, hat er den Tod besiegt und verspricht auch uns ewiges Leben. Diese Verheißung sagt uns, dass wir keine Angst zu haben brauchen. Mit dem Tod ist nicht alles aus – es wird nur alles anders. Und wenn wir der Bibel Glauben schenken können, wird es danach für uns, die wir mit Gott gegangen sind, unermesslich viel besser, als wir es uns nur vorstellen können.

Ich hoffe, dass dieses Buch Ihnen dabei hilft, das für sich anzunehmen.

Teil I

Das Fotoalbum durchblättern

Doch sie sehnten sich nach einer besseren Heimat, nach der himmlischen, und deshalb schämt Gott sich auch nicht, ihr Gott – der Gott Abrahams, Isaaks und Jakobs – zu heißen. Er hatte ja auch schon eine Stadt für sie gebaut.
Hebräer 11,16

Im Lauf der Jahre, die ich als Pastor gearbeitet habe, war es mir wichtig, die faszinierenden Nahtoderlebnisse, die ich beobachtet hatte, nicht zu vergessen, und deshalb begann ich sie in einem Notizbuch festzuhalten, das ich eigens für diesen Zweck angelegt hatte. Als diese Notizen mit der Zeit immer umfangreicher wurden, betrachtete ich sie als eine Art Fotoalbum voller spannender Momentaufnahmen, die wir nicht oft zu Gesicht bekommen, wenn wir an den Tod denken.

Sogar heute noch betrachte ich jeden Hinweis auf dieses Phänomen, ob es sich nun um eine wahre Geschichte handelt, einen Bibelvers, ein Forschungsergebnis oder eine Statistik mit harten Fakten, als eine Art Bild, einen Teil des großen Mosaiks, das die letzte Schwelle darstellt.

In diesem ersten Teil werden wir die Beweislage und die Forschungsergebnisse, die aufgrund von Nahtoderlebnissen für ein Leben nach dem Tod sprechen, genauer unter die Lupe nehmen.

Kapitel 1

Momentaufnahmen

An einem kalten Wochenende im Winter standen auf der Liste der Krankenschwester Cindi Pursely zwei todkranke Patienten, die beide mit einer überwältigenden Furcht vor dem Sterben zu kämpfen hatten. Die beiden kannten sich nicht und hatten auch nie Kontakt zueinander gehabt.

Cindi arbeitete schon über 28 Jahre als Krankenschwester, die letzten 17 davon für eine Hospiz-Organisation. Cindi war mit ganzem Herzen dabei, sterbenden Menschen zu helfen, und vor allem sorgte sie sich um diejenigen Patienten, die sich mit aller Macht gegen das Unvermeidliche sträubten. Diese beiden Patienten standen ganz oben auf ihrer Liste.

Betty Meier war in den Achtzigern. Sie hatte keine Vorstellung, was vor ihr lag, legte aber auch keinerlei Wert darauf, es herauszufinden. Ihr ganzes Leben lang hatte sie sich vor dem Ende gefürchtet, und Cindi hatte keine Ahnung, wie Betty ihre letzte Runde vollenden würde. Betty, die sich selbst als Agnostikerin betrachtete, gehörte zu Cindis widerspenstigsten Patienten, und das machte Cindi schwer zu schaffen.

Bei Alan Harris lag der Fall etwas anders. Er war erst Ende 40, als das Ende in Sicht kam, und glaubte, dass er zum Sterben noch viel zu jung sei. Al hasste jeden Augenblick dieses unausweichlichen Prozesses. Er weigerte sich standhaft, darüber zu reden, was er „dort drüben" in der Sekunde, nachdem sein Herz aufgehört hatte zu schlagen, zu sehen bekommen würde. Auch Al war eher als Agnostiker einzuordnen.

Wenn Patienten wie Alan oder Betty sich gegen das Unvermeidliche wehren, sind ihre letzten Tage oft von Angstattacken geprägt, die Körper und Seele sehr belasten. Cindis schwierige Aufgabe wurde oft zusätzlich dadurch erschwert, dass die Angehörigen hilflos dabei zusahen, wie ihre Lieben verzweifelt versuchten, sich gegen den Tod zu behaupten.

An diesem speziellen Tag stattete Cindi zunächst Betty einen Hausbesuch ab. „Sie sehen heute aber ungewöhnlich gut aus, Betty!", begann Cindi das Gespräch. „Sie wirken richtig glücklich." Das stimmte.

„Ich habe wunderbar geschlafen", entgegnete Betty Meier mit festerer Stimme als sonst. „Sie werden nicht glauben, was ich Wunderbares erlebt habe!" Ihr Gesicht war gerötet, und ihre Hände zitterten.

„Erlebt?"

„Ja!" Bettys Augen glänzten. „Ich war schon fast eingeschlafen, als ich mich plötzlich im Jenseits wiederfand."

Cindi musterte Betty aufmerksam. Der typische abgestandene Geruch eines Krankenzimmers hing in der Luft. Die Frau klang, als halluzinierte sie, und Cindi wollte herausfinden, ob sie noch bei klarem Verstand war. Betty wirkte zwar ganz vernünftig, doch möglicherweise war sie etwas verwirrt. Cindi stellte eine Reihe von Fragen: Welcher Tag war heute? Wer war der amerikanische Präsident? Wusste Betty, welchen Monat sie hatten? Betty bestand den Test. Sie hatte den Kontakt zur Realität nicht verloren.

„Ich habe das Jenseits gesehen", verkündete Betty kühn und voller Freude. „Es war ganz erstaunlich! Zuerst habe ich gedacht, ich träume, aber dann habe ich gewusst, dass das nicht so war. Wirklich eigenartig, wie das passiert ist. Als ob man sich schlafen legt, aber ich bin ganz sicher: Ich habe nicht geträumt!"

Cindi setzte sich auf den Stuhl neben dem Bett. „Können Sie mir erzählen, was Sie gesehen haben?"

Betty setzte sich im Bett auf. „Zwei kleine Jungen waren gestorben. Ganz süße kleine Jungen. Natürlich waren sie noch zu klein, um zu begreifen, wo sie sich befanden. Ich vermute, man könnte sagen, sie waren in diesem Zwischenreich, wo man unmittelbar nach dem Sterben hingelangt. Sie wussten überhaupt nicht, was sie tun sollten, und sie hatten Angst."

Cindi starrte Betty an. Noch nie hatte Betty irgendwie angedeutet, dass sie eine Meinung darüber hatte, ob es auf der anderen Seite irgendetwas gab. An diesem Morgen hatten sich ihre Haltung und ihre Vorstellungswelt vollkommen verändert.

„Man kann ja verstehen, dass zwei kleine Jungen, die gerade gestorben sind, verwirrt sind", fuhr Betty fort. „Ihr Problem war, dass sie nicht wussten, wie sie den großen Abgrund überwinden sollten."

„Was geschah dann?", fragte Betty vorsichtig.

„Nun, die beiden kleinen Jungen wirkten so verloren. Dann entdeckten sie, dass ein Weg aus diesem Zwischenreich herausführte, in dem sie sich befanden. Hand in Hand gingen die beiden kleinen Jungen diesen Weg entlang, und es war, als ob der Himmel in Jubel ausbräche. Dann begannen sie den Rückenwind zu spüren. Cindi, es war so wunderbar zu sehen, wie glücklich diese beiden kleinen Jungen waren, als sie diesen Weg in die Ewigkeit gingen. Ich war so gefesselt, dass all meine Furcht verschwand."

„Sie haben keine Angst mehr?", fragte Cindi.

„Kein bisschen! Ich bin bereit zu gehen. Alles ist gut."

Cindi verließ Betty Meiers Haus und versuchte, das, was sie gerade gehört hatte, richtig einzuordnen. Sie freute sich, dass Betty ein so ermutigendes Erlebnis gehabt hatte, wusste jedoch nicht so recht, was sie davon halten sollte. Ihr restlicher Arbeitstag war stressig, und sie musste viele Patienten versorgen, die ihre volle Aufmerksamkeit brauchten. Cindis Dienstzeit erstreckte sich bis in die Abendstunden, bis der letzte Patient an der Reihe war, und zwar einer, den sie höchst ungern besuchte: Alan Harris.

Alans Tochter öffnete ihr die Tür. Sie erzählte, dass sie über das Babyfon, das sie in Alans Zimmer installiert hatten, in der Nacht seltsame Geräusche gehört habe.

„Es war sehr eigenartig", meinte sie, „ein Geräusch, wie es der Wind macht. Es klang, als ob mein Vater irgendetwas anpustete. Ich konnte mir keinen Reim darauf machen."

„Hmm." Cindi rieb sich nachdenklich das Kinn. „Schläft Ihr Vater jetzt?"

„Ich glaube nicht. Sie können mit ihm sprechen."

Cindi ging zum Schlafzimmer und öffnete langsam die Tür. Alan lag mit geschlossenen Augen im Bett. Als die Tür quietschte, sah er auf und bat Cindi herein.

„Wie geht es Ihnen heute Abend?", fragte Cindi gespannt, als sie den Raum betrat.

„Gut!", sagte Alan ruhig.

„Schön." Cindi ging um das Bett herum. Ihr Patient

sah wirklich besser aus als in den Tagen zuvor. „Sie haben offenbar gut geschlafen."

„Stimmt."

Cindi beugte sich vor, um seinen Puls zu fühlen. „Ihre Herzfrequenz ist auch gut."

„Ich habe keine Angst mehr", sagte Alan langsam.

Cindi richtete sich auf. „Wie meinen Sie das?"

„In der vergangenen Nacht hatte ich eins dieser Erlebnisse im Land der Dämmerung, von denen ich immer nur gehört habe. Selber habe ich so etwas noch nie erlebt."

„Vergangene Nacht?"

Alan nickte. „Ich habe zwei kleine Jungen gesehen, die sich verlaufen hatten."

Cindi erstarrte. „Wo?", fragte sie vorsichtig.

„An dem Ort, wo man sofort hinkommt, wenn man stirbt, vermute ich. Sie versuchten anscheinend, in den Himmel zu gelangen. Sie waren nicht sicher, wie sie von dort wegkommen sollten. Dann haben sie diesen Weg gefunden, und ich pustete, so stark ich konnte, um sie beim Vorwärtskommen zu unterstützen. Der Wind wurde stärker. Als ich beobachtete, wie sie den richtigen Weg fanden, verschwand auch meine eigene Angst."

Alan erzählte genau dieselbe Geschichte, die Cindi bereits vor Stunden zu Beginn ihres Arbeitstages gehört hatte! Betty Meier und Alan Harris, die mehrere Kilometer auseinander wohnten, sich niemals begegnet waren oder miteinander gesprochen hatten, hatten genau das Gleiche geträumt oder gezeigt bekommen – je nachdem, wie man es betrachten wollte. Nach diesem Erlebnis fürchteten sich Betty und Alan nicht mehr vor dem Tod, und beide waren keine Agnostiker mehr.

Erstaunlich? Nicht für Menschen, die regelmäßig mit Sterbenden zu tun haben.

Schnappschüsse von der anderen Seite

Zwar hat nicht jeder Erfahrungen gemacht, die man mit Augen und Ohren wahrnehmen kann, doch viele Sterbende berichten von Erlebnissen, die denen von Betty und Alan ähneln. Wenn wir genau zuhören und beobachten, können uns die Sterbenden wichtige Dinge lehren, die uns dabei helfen können, uns selbst auf das Ende unseres Lebens vorzubereiten.

Während meiner Ausbildung am Seminar studierte ich die Bibel in den Ursprachen und rang mit der Bedeutung der biblischen Texte. Meine Professoren wollten, dass ich meine eigene Meinung über alles Mögliche formulierte, was die Bibel lehrte, doch mir fiel auf, dass niemand je über den Tod sprach. Mit der Zeit bekam ich das Gefühl, es handelte sich um ein Tabuthema. Manche Seminare befassten sich intensiv mit der Auferstehung des Jesus von Nazareth, während sich andere über Geschichten des Alten Testaments ausließen. Kein Professor oder Student allerdings hatte von irgendwelchen persönlichen Erfahrungen mit dem Tod zu berichten. Über den Tod sprach man nicht.

Als ich die Bibel auf eigene Faust studierte, erkannte ich, dass sie keine systematische Lehre vom Leben nach dem Tod bietet. Die betreffenden Bibelstellen glichen wieder einmal eher einem Fotoalbum voller Schnappschüsse, die man über Jahrhunderte menschlicher Geschichte hinweg aufgenommen hatte. Die biblischen

Geschichten waren kaum ausgeschmückt: es waren einfach schlichte Momentaufnahmen auf dem Friedhof oder an der Bettkante geknipst. Die Aufgabe, die Bilder so zu ordnen, dass sie einen Sinn ergaben, blieb uns überlassen.

Im Alten Testament finden wir viele seltsame Geschichten wie zum Beispiel die, in der Samuel aus dem Totenreich erschien, als Saul die Geisterbeschwörerin von En-Dor besuchte. Schadrach, Meschach und Abed-Nego kehrten aus dem Feuertod ins Leben zurück. Elia erweckte den verstorbenen Sohn einer Witwe wieder zum Leben. Es gibt einige Geschichten, in denen jemand ins Leben zurückkehrt, doch sie reichen nicht an die Geschichten im Neuen Testament heran, in denen Jesus vielen Sterbenden das Leben zurückschenkte. Die Geschichte vom toten Lazarus, der nach drei Tagen im Grab vom Tod auferweckt wurde, erschütterte die anwesenden Zuschauer sicherlich. Die Auferstehung von Jesus Christus selbst wurde zum weltbewegendsten Ereignis überhaupt.

Der Apostel Paulus, der dieses Thema in der Bibel am ausführlichsten behandelt, griff diese Ereignisse auf und entwarf ein Bild von unserer Zukunft, als er einen Brief an die Gemeinde in Korinth schrieb. Sein gesamtes Glaubenssystem erwuchs aus der Überzeugung, dass Jesus Christus den Tod endgültig besiegt hatte. Das Problem seiner Leserschaft im ersten Jahrhundert lag darin, zu verstehen, wie sie diesen Ereignissen einen Sinn abgewinnen konnten.

Im Lauf der Jahrhunderte ordnete die Kirche die Momentaufnahmen der Bibel. Als die Reformation begann, versuchten verschiedene Theologen schwindelnde Höhen zu erklimmen, und die Folge davon war, dass das Fotoalbum kopfüber auf dem Boden landete. Ein weites Spektrum unterschiedlicher Vorstellungen entwickelte sich, angefangen von der römisch-katholischen Lehre vom Fegefeuer bis hin zur Überzeugung, dass die Geschichte von Lazarus, dem reichen Mann und Abraham uns die Gewissheit schenkt, dass wir nach dem Tod sofort in den Himmel gelangen. Manchmal waren die Bilder, die uns die Theologen vor Augen malten, so verwirrend, dass es schwierig war, sich einen Reim darauf zu machen.

Heute halten wir ein Fotoalbum in den Händen, das völlig durcheinandergeraten ist. Dieses Buch stellt keinen weiteren Versuch dar, das Leben nach dem Tod zu erklären. Vielmehr wurde es geschrieben, um Ihnen zu helfen, dieselbe Vorfreude und Gewissheit zu finden, die die Bettys und Als dieser Welt entdeckt haben. Ich glaube, Sie werden überrascht sein, wie oft solche ungewöhnlichen Erfahrungen auf der Schwelle des Todes heute noch vorkommen. Ich habe so eine Ahnung, dass Sie darin Trost finden werden.

Ich werde mit diesem Buch nicht versuchen, in ein Reich vorzudringen, in das Gott uns noch nicht eingeladen hat. Ich folge lediglich dem Weg, den mir die Erlebnisse anderer Menschen gewiesen haben. Jeder von uns wird einmal durch die Pforten der Zeit reisen, und für viele Menschen hat sich das als eine gute Reise erwiesen.

Das Unerwartete in den Griff bekommen

Einige Jahre lang leitete ich an der Universität von Victoria in Kanada einen Kurs, in dem die gesamte Bibel behandelt wurde. Bei den Teilnehmern handelte es sich in der Regel um Geistliche verschiedener Denominationen, die mehr über die Bibel erfahren wollten. Gegen Ende des Abschnitts, in dem wir über das Neue Testament sprachen, redete ich über die Evangelien und ihre Darstellung der Auferstehung Jesu. Weil ich glaube, dass hinter allen Geschichten der Bibel die Absicht steht, jeden Menschen unmittelbar anzusprechen, versuchte ich den Stoff mit einer persönlichen Zuspitzung zu vermitteln. In der Regel ging das den Teilnehmern sehr nah.

Nach einem Seminar kam ein großer, gut aussehender, blonder Pastor namens George mit Tränen in den Augen nach vorne. Er nahm mich zur Seite und erzählte mir die Geschichte vom plötzlichen Kindstod seines Sohns. George und seine Frau waren zu einer Gemeindeveranstaltung gegangen und hatten das Baby in der Kinderbetreuung gelassen. Nach Ende der Veranstaltung hörte George einen Schrei und erkannte die Stimme seiner Frau. Er rannte in den Raum, wo die Kinder betreut wurden, und sah, wie sie ihren leblosen Sohn im Arm hielt.

Der Tod seines Sohns brachte George fast um den Verstand. Nacht für Nacht ging er zu Bett, ohne Schlaf zu finden. Nach sechs Monaten hatte sich die Situation noch nicht gebessert. In einer dieser schwierigen Nächte streckte er sich im Bett aus, ohne große Hoffnung, eine anständige Nachtruhe vor sich zu haben. Mit einem Mal fand George sich in der Zwischenwelt wieder, die auch

Alan Harris erlebt hatte, und sah plötzlich einen großen, blonden Mann am Fußende seines Betts stehen. Der kräftige Mann, in eine weiße Robe gekleidet, musterte ihn aufmerksam.

George lag wie betäubt da und starrte die Gestalt an, die er noch niemals zuvor gesehen hatte.

„Du erkennst mich nicht?", fragte der Mann.

George schüttelte den Kopf.

„Ich bin dein Sohn. Du hast mich in diese Welt gebracht, aber ich brauchte nur eine kurze Zeit zu bleiben. Mir sind die Widrigkeiten dieser Welt erspart geblieben, und ich bin direkt in den Himmel gegangen. Du hast nichts zu fürchten, es gibt nichts, weswegen du dir Sorgen machen müsstest. Schlaf jetzt gut und quäl dich nicht mehr, denn wir werden uns wiedersehen."

Dann war er verschwunden, und George wusste, dass er das nicht einfach nur geträumt hatte. Völlig anders, als er es erwartet hätte, hatte George eine Momentaufnahme seines Sohnes zu sehen bekommen, der in der Ewigkeit zu einem stattlichen Mann herangewachsen war.

Konnte er sich darauf einen Reim machen? Hatte er alles verstanden? Nein. Aber George schlief danach friedlich ein und wusste, dass die Zukunft nach seinem Tod positiv aussehen würde. Er litt nie wieder unter Schlaflosigkeit.

Kapitel 2

Auf die Filme achten

Wie können wir diese Erfahrungen am Ende des Lebens
einordnen? Wie viele Menschen haben bereits in der
einen oder anderen Weise eine Nahtoderfahrung gehabt? Umfragen, die in den Vereinigten Staaten durch-
geführt wurden, weisen darauf hin, dass etwa 15 Millionen Menschen bereits so etwas erlebt haben.[1]

Früher hörte man nie von solchen Erfahrungen, doch
heute scheinen sie allgegenwärtig zu sein. Ein Drittel
aller wiederbelebten Patienten berichtet davon, auf der
anderen Seite gewesen zu sein, nachdem man keine
Lebenszeichen mehr feststellen konnte. Dr. Melvin
Morse, ein Mediziner, berichtete, dass etwa 70 % aller
Kinder, deren Lebensende herannaht, von einer Nahtoderfahrung erzählen.[2]

Als die *International Association for Near-Death Studies*
(„Internationale Gesellschaft für Nahtodstudien") Menschen befragte, die ihrem Empfinden nach in irgendeiner Form einen Blick in die Ewigkeit werfen durften,
forschte man, wie nah die Betreffenden dem Tod wirklich gewesen waren. Von den 229 Menschen, die die
Fragebogen zurückschickten, waren 23 % als klinisch tot
diagnostiziert worden, während man den Zustand von
40 % als „kritisch" eingestuft hatte. Weitere 37 berichteten von einer außergewöhnlichen Erfahrung in einer
nicht lebensbedrohlichen Situation.[3] Während sich alle

diese Erfahrungen voneinander unterscheiden, deuten sie doch darauf hin, dass die Grenze zwischen Leben und Tod verschwommener ist, als wir früher glaubten. Zumindest können wir beobachten, dass solch unerwartete Erfahrungen Löcher in die Zeit stanzen, die uns einen Blick auf die andere Seite erlauben.

Eine Beobachtung, die wir aus diesen Erfahrungen gewonnen haben, ist, dass Freunde und Angehörige fast immer eine dramatische Veränderung bei dem betroffenen Menschen bemerken, nachdem er zurückgekehrt ist. Wie wir schon bei Alan Harris und Betty Meier bemerkt haben, hat sich ihre Sicht von Leben und Tod für immer verändert. Das Gleiche gilt für Menschen, die eine Nahtoderfahrung überlebt haben. Häufig entwickeln sie für sich völlig neue ethische Maßstäbe und Werte, beginnen etwas ganz Neues oder wechseln den Beruf. Freunde berichten, dass sie sensibler sind als zuvor. Einen Blick über die Grenze zu werfen verändert Menschen wirklich.

Das allein sollte uns veranlassen, uns genauer mit diesem Thema zu beschäftigen.

Das Problem ist, dass wir Sterbende oft einfach abschreiben wie ein altes Auto, das nicht mehr richtig funktioniert. Wir glauben, dass sie zu nichts mehr nütze sind. Natürlich, wir lieben sie und möchten, dass ihre letzten Stunden so friedlich wie möglich verlaufen, doch wir erwarten nichts mehr von ihnen. Ihre Aufgabe ist es zu sterben; unsere Aufgabe ist es, das Licht auszuknipsen, wenn sie gegangen sind.

Niemand erwartet, dass ein Sterbender mit seinen letzten Atemzügen der Welt eine Lehre von größter Bedeutung zu vermitteln hat. Kürzlich rief mich eine liebe Freundin an, die ich seit über 30 Jahren kenne, um mir zu sagen, dass sie bald sterben wird. Sie bat mich, die Trauerfeier für sie zu halten. Diese Bitte brachte sie ganz nüchtern auf den Punkt, und in ihrer Stimme lag ungefähr so viel Gefühl, als hätte sie mich gebeten, ihr ein Brot aus dem Supermarkt mitzubringen. Ich fuhr spontan zu ihr herüber und wir unterhielten uns lange. Auch in den Wochen bis zu ihrem Tod führten wir lange Gespräche, und während dieser Zeit lernte ich einige wichtige Dinge wieder neu.

Vor allem erinnerte Nathalee mich daran, dass die Sterbenden versuchen, uns etwas zu lehren, wenn wir nur zuhören. Nathalee wollte mich an dem teilhaben lassen, was sie erlebte. Obwohl ihr Körper immer schwächer wurde, hatte sie immer noch einen starken Willen.

In den letzten Jahren hat in Amerika eine neue Bewegung Raum gewonnen, die Menschen hilft, in Würde zu Hause zu sterben. Hospiz-Organisationen bieten persönliche und medizinische Betreuung an, die todkranken Menschen eine Alternative zum Krankenhaus eröffnet. Den Angehörigen werden so nicht nur beträchtliche Ausgaben erspart, sondern vor allem kann der Sterbende selbst seine letzten Wochen oder Monate in seiner vertrauten, familiären Umgebung verbringen. Bei ihren Besuchen haben die Mitarbeiter dieser Hospiz-Organisationen gelernt, darauf zu achten, was uns die Sterbenden lehren könnten.

Im Lauf meiner Arbeit mit Sozialarbeitern, Krankenschwestern und Geistlichen, die für Hospiz-Organisationen tätig sind, entdeckte ich, dass ihre Tätigkeit uns auch wichtige Daten liefert. Geschulte Mitarbeiter sammeln ihre eigenen Erfahrungen, die sich mit denen der Bettys,

Alans, Nathalees und Georges dieser Welt decken. Dieses große Wissensreservoir anzuzapfen fügte meinen eigenen Beobachtungen eine wichtige Dimension hinzu, und das immer wiederkehrende Thema ist einfach, dass wir sorgfältig zuhören müssen.

Aufmerksam sein

Die Kunst des Zuhörens ist schon im Umgang mit Lebenden nicht einfach, und mehr noch im Umgang mit Sterbenden. Wir sind viel zu sehr mit dem beschäftigt, was wir selbst um die Ohren haben. Häufig sind wir nicht besonders gut darin, die richtigen Fragen zu stellen, um wiederum den Sterbenden dabei zu helfen, die richtigen Worte zu finden. Oft ziehen wir uns zurück und ergreifen die Flucht vor einer Szenerie, die uns Unbehagen bereitet. Die Folge davon ist, dass sich der Sterbende allein durch diese fremde Zeit hindurchkämpfen muss.

Wie ich in einem der folgenden Kapitel noch ausführlicher zeigen will, wissen nur wenige Menschen, wie man Sterbenden handfeste Unterstützung dabei gibt, sich an die letzte Schwelle heranzutasten. Dabei geht es nicht um den Austausch nüchterner Informationen. Wenn wir die Augen schließen, dämmern wir in eine andere Welt mit vielen verschiedenen Formen und Größen hinüber, die wir das Traumland nennen. Wenn wir von vornherein nicht viel von den Ausdrucksformen erwarten, die in dieser Schattenwelt sichtbar werden, neigen wir dazu, unsere Träume als reine Ausgeburten der Fantasie abzutun. Die Wahrheit ist, dass Träume oft ganz eigene Welten symbolischer Kommunikation darstellen, die von tiefer Bedeutung erfüllt sind. Es erfordert allerdings Zeit und Mühe, herauszufinden, was dort vor sich geht. Sterbende erleben oft traumähnliche Sequenzen und sprechen von dieser Warte aus.

In diesem Zusammenhang bedeutet Zuhören also, noch viel aufmerksamer auf die Innenwelt eines Menschen und seine tiefsten Gefühle zu lauschen, damit sich uns nicht unsere eigenen Denkvoraussetzungen in den Weg stellen. Sterbende reden vielleicht in Bildern, die dem Land der Träume näher stehen als der nackten Realität des Alltags. Um sie zu verstehen, müssen wir poetische Ausdrucksformen an uns heranlassen, die manchmal schwer fassbar sind, in Wirklichkeit jedoch weitaus größere Ausdruckskraft besitzen als die Welt der harten Fakten.

In späteren Kapiteln werden wir uns noch genauer anschauen, wie wir diese Aufgabe bewältigen können.

Sich nicht mehr wehren

Wenn ein flüchtiger Bekannter stirbt, sind wir oft in der Lage, ein hohes Maß an Objektivität aufzubringen. Wenn dagegen einer unserer Lieben aus der unmittelbaren Umgebung stirbt, sieht es völlig anders aus. Wenn der Tod in greifbare Nähe rückt, verfallen Beobachter häufig in eine Art Angststarre und versuchen sich gegen die Tatsache zu wehren, dass der Tod auch sie betrifft. Manchmal verwandelt sich dieser Widerstand in eine steinerne Mauer, die nichts mehr durchlässt.

Vor einigen Jahren erhielt die Krankenschwester Cindi Pursely einen Auftrag, der mit einem Warnhinweis verbunden war: Marion Black war todkrank und brauchte Hilfe, doch das eigentliche Problem war ihr Mann. George Black wollte einfach nicht anerkennen, dass seine Frau krank war. Jeder Spiegel war aus dem Haus entfernt worden, und der Mann hatte sogar allen verboten, das Wort „Krebs" auch nur in den Mund zu nehmen. Wie konnte die Krankenschwester irgendetwas ausrichten, wenn das ganze Haus von diesem gigantischen „Nein" beherrscht wurde?

Als Cindi bei den Blacks ankam, öffnete ihr George die Tür und schärfte ihr ein, dass niemand auch nur andeuten dürfe, dass es in diesem Haus ein Problem gebe. Die Sozialarbeiterin hatte Cindi schon gewarnt, dass der Mann sehr angespannt sei und großen Ärger machen könnte.

Cindy ging in Marions Zimmer und erfasste die Situation schnell. Glaubte George Black wirklich, seine Frau hätte nicht mitbekommen, dass sich ihre Haut gelb verfärbt hatte? Meinte er, sie hätte nicht gemerkt, dass sich ihr Unterleib aufgebläht hatte? Alle Anzeichen der tödlichen Krankheit waren deutlich sichtbar.

Cindi setzte sich ans Bett und stellte eine einfache Frage: „Wie geht es Ihnen?"

„Ich liege im Sterben", antwortete Marion Black geradeheraus.

George explodierte förmlich! Er beschuldigte Cindi, sein Vertrauen missbraucht und das „große Geheimnis" gelüftet zu haben. Er schien wirklich überzeugt zu sein, dass seine Frau nichts von ihrem Zustand geahnt hatte. In den darauffolgenden Wochen versuchte George sogar, Cindi die Zulassung als Krankenschwester entziehen zu lassen. Natürlich hatte er damit keinen Erfolg, doch er bleibt ein Paradebeispiel für destruktives Leugnen.

Jenseits des Leugnens

Wir müssen uns im Angesicht des Sterbens nicht zurückziehen oder in Panik verfallen. Wir können furchtlos am Rand des Lebens stehen. Die Erfahrungen sterbender Menschen liefern uns Hinweise darauf, dass wir nicht allein gehen müssen. Wenn Freunde und Verwandte nicht bei uns sein können, wenn es so weit ist, dann ist es tröstlich zu wissen, dass auf der anderen Seite Menschen warten, um uns zu helfen.

Ich bin nicht anders als andere Menschen. Es widerstrebt mir, über meinen eigenen Tod nachzudenken. Ich lese die Bibel und kenne die Verheißungen, die mir Zuversicht schenken. Allerdings gibt es eine feine Trennungslinie zwischen einer Wahrheit und der Art, wie ich diese Wahrheit persönlich begreife. Es ist eine Sache, eine Predigt zum Thema Tod und Sterben zu hören, die uns Zuversicht schenkt, aber eine völlig andere, sich zum letzten Mal in seinem eigenen Bett hinzulegen.

Als ich meine gesammelten Momentaufnahmen von der anderen Seite betrachtete, änderte sich mein Blickwinkel radikal. Diese Begebenheiten und Begegnungen schenkten mir neue Zuversicht und bekräftigten die biblischen Verheißungen, an die ich schon lange glaube.

Hoffnung für hoffnungslose Zeiten

Als mein Schwiegervater Mitchell Brantley starb, empfand das jeder, der ihn gekannt hatte, als großen Verlust. Er war ein Ehrenmann mit Prinzipien, ein wahrer Gentleman und gläubiger Christ. Meine Frau Margueritte schmerzte sein Verlust sehr, ebenso ihre Geschwister. Am schlimmsten traf er aber die alte Tante Joan, eine Schwester von Marguerittes Mutter. Mitch hatte sich nach dem Tod seiner Frau sehr um Joan gekümmert, und sein Tod ging über ihre Kräfte.

Nicht lange danach zog Joan ins Altersheim. Meistens brauchte sie einen Gehwagen, um sich fortzubewegen. Ihre Nachmittagsspaziergänge über die langen Flure halfen ihr, aktiv zu bleiben, auch wenn sie mit Depressionen und Einsamkeit zu kämpfen hatte. An einem Nachmittag litt sie besonders unter einer großen Niedergeschlagenheit und dem Gefühl, ganz allein auf der Welt zu sein. Sie humpelte den Flur hinunter und hielt den Gehwagen mit festem Griff umklammert, während sie sich in traurigen Gedanken verlor. Der Tod ihrer Schwester und ihres Schwagers hatte sie der Familie beraubt, die sie ihr ganzes Leben lang um sich gehabt hatte. Die einzige verbliebene Schwester lebte in einem anderen Bundesstaat, und sie konnten sich nur von Zeit zu Zeit am Telefon unterhalten.

Als Joan mühsam den Flur hinunterhinkte, merkte sie auf einmal, dass jemand neben ihr ging. In der Erwartung, einen der andern Heimbewohner zu sehen, wandte sie sich um. Doch so war es nicht! Sie schaute noch einmal hin und sah Mitch neben sich stehen. Sie bezweifelte überhaupt nicht, dass er es war, und sie wusste sofort, dass er nach ihr schaute, wie er es zu seinen Lebzeiten jahrelang fast jeden Tag getan hatte. Zu ihrer Überraschung war er so angezogen wie früher und trug seine Lieblingsmütze, die er immer aufhatte, wenn er spazieren ging. Einige Augenblicke lang war sich Joan seiner Gegenwart sicher. Dann war er nicht mehr zu sehen.

Die bleierne Schwere, die sie vorher verspürt hatte, war verschwunden, und Joan lebte von da an in der Gewissheit weiter, dass sich ihr Schwager nach wie vor um sie kümmerte. War diese ungewöhnliche Erfahrung real? Joan kam sie so wirklich vor wie jede andere Erfahrung in ihrem Leben. Half sie ihr? Absolut.

Kapitel 3

Letzte Aufgaben

Jake Alexander war schon immer hart im Nehmen gewesen und konnte Schmerzen und Verletzungen einfach so wegstecken. Während seiner Militärzeit in Vietnam hatte Jake viele Schlachten und Scharmützel im dichten, bedrohlichen Dschungel überstanden. Einige Male war seine Einheit dem feindlichen Feuer hilflos ausgeliefert gewesen. In diesen albtraumartigen Kämpfen sah Jake dem Tod ins Gesicht, und er kannte die Gräuel, die ihre unauslöschlichen Spuren bei vielen jungen Amerikanern hinterließen.

Während einer dieser Streifzüge durch das dichte Unterholz schlug der Vietcong mit unerwarteter Heftigkeit zu. Sie kesselten die Amerikaner ein und machten Anstalten, Jakes Einheit komplett auszulöschen. Der kommandierende Offizier hielt die Lage für hoffnungslos und forderte Flugzeuge an, um einen Luftangriff auf ihre gegenwärtige Position zu fliegen, in einem letzten Versuch, den Feind aufzuhalten. Die Flieger kamen und durchsiebten den Dschungel mit Geschossen aller Kaliber. Als der Angriff vorüber war, waren die Feinde wie auch die meisten amerikanischen Soldaten bis zur Unkenntlichkeit verbrannt. Viele Bäume waren durch die Sprengkörper zerborsten und verkohlt.

Zur seiner großen Überraschung taumelte Jake Alexander auf seinen eigenen Beinen vom Schlachtfeld. Er gehörte zu den wenigen Überlebenden, hatte jedoch schwere Verwundungen davongetragen.

Nach Wochen im Lazarett kehrte Jake in die Vereinigten Staaten zurück, in der Hoffnung, irgendwie sein altes Leben wieder aufnehmen zu können. Doch natürlich konnte er das, was er in Vietnam erlebt hatte, nicht auf der anderen Seite des Ozeans zurücklassen. Die Kriegszeit war zu furchtbar gewesen, um sich wie eine Rauchwolke zu verflüchtigen. Obwohl niemals eine Diagnose gestellt wurde, litt Jake sehr wahrscheinlich an einer posttraumatischen Belastungsstörung. Die alten Erinnerungen kamen immer wieder mit einer Lebendigkeit hoch, die ihm Furcht einjagte.

Jake fiel nur ein Weg ein, seine Schmerzen zu lindern, nämlich sie im Alkohol zu ertränken. Endlose Stunden in der Kneipe und zu Hause führten zur Alkoholabhängigkeit und verschlimmerten seine emotionalen Probleme nur noch. So grausam seine Kriegserinnerungen auch waren, es dauerte einige Jahrzehnte, bevor sich die schlimmsten Auswirkungen der Zeit in Vietnam bemerkbar machten. Niemand hatte Jake oder auch irgendeinem anderen Soldaten gesagt, dass das Pflanzenvernichtungsmittel *Agent Orange*, das in Vietnam eingesetzt worden war, um den Urwald zu lichten, oft dramatische Spätfolgen haben kann. Es dauerte eine Weile, bis die Wirkung bei Jake in voller Stärke einsetzte, doch der Kontakt mit *Agent Orange* führte bei ihm schließlich zu einer Krebserkrankung.

Als er in ein Militärkrankenhaus eingeliefert wurde, entdeckten die Ärzte dort sofort den Krebs. Die Chirurgen mussten Jakes halbe Zunge entfernen, um das Wachstum der bösartigen Geschwulst im Rachenbereich zu verlangsamen. Er konnte noch sprechen, doch seine Stimme klang verzerrt und undeutlich. Aufgrund seiner schlimmen Erlebnisse wollte sich Jake niemandem mehr anvertrauen. Seine Familie begriff, dass ihm jemand helfen musste, irgendwie wieder zu sich selbst zu finden, bevor er starb. An diesem Punkt nahmen sie mit einer Hospiz-Organisation Kontakt auf.

Das Hospiz betraute Cindi Pursely mit der Aufgabe, zu diesem desillusionierten Mann eine Beziehung aufzubauen, die ihm etwas bedeutete. Zwar dauerte es länger als sonst, doch schließlich durchbrach Cindi den Schutzpanzer, an dem Jake so lange gebaut hatte. Sie machte ihm Mut und brachte ihn dazu, mit ihr zu reden. Zu diesem Zeitpunkt hatte Jake schon nicht mehr lange zu leben. Einen Großteil der Zeit verbrachte Cindi bei ihm.

Manchmal tauchte er ab und verlor sich in der Vorstellung, er sei wieder in Vietnam, um gegen den Feind zu kämpfen. Wenn er aus dieser Nebelbank wieder auftauchte, packte er oft Cindis Hand. „Ich muss zu Kissinger!", rief er dann mit erstaunlich deutlicher Aussprache. „Ich muss Kissinger eine wichtige Botschaft überbringen!" Dann starrte er Cindi mit leerem Blick an und sank in sich zusammen.

Eine solche Episode führte oft zu Phasen der Desorientierung. Jake war sich sicher, dass er vor seinem Tod noch eine äußerst wichtige Aufgabe zu erledigen hatte; er sei im Besitz von Informationen, die er dem amerikanischen Außenminister übermitteln müsste. Er lag nicht im Bett und starb. Jake befand sich immer noch in Vietnam, um eine Aufgabe zu vollenden.

Aufgaben erledigen

Die Welt hat sich verändert. Die mittelalterliche Gesellschaft neigte dazu, sich auf das Ende des Lebens zu konzentrieren. Im Mittelalter schliefen Mönche sogar oft in einem Sarg, um sich schon mal mit ihrer letzten Ruhestätte vertraut zu machen. In einem Zeitalter ohne wirkungsvolle Betäubungs- oder Desinfektionsmittel war das Sterben allgegenwärtig. Der Tod konnte in jedem beliebigen Augenblick an jeder Straßenecke lauern.

Heute sieht die Welt in die entgegengesetzte Richtung. An jeder Straßenecke wartet ein Schönheitschirurg mit einer Botoxspritze, und wir versuchen zeitlebens auszusehen wie mit 20. Altern ist out, und niemand besucht gern ein Beerdigungsinstitut. „Tod" ist ein Wort, das man lieber nicht in den Mund nimmt. Und an das man am besten auch nicht denkt. Wir können uns nicht vorstellen, dass Sterbende noch irgendetwas von Bedeutung zu sagen oder zu tun haben.

Doch das Gegenteil ist der Fall.

Nehmen wir zum Beispiel Jake Alexander. Seine Kriegserlebnisse bedeuteten einen radikalen Einschnitt, der sich auf sein ganzes Leben auswirkte. Wenig war seither gut gelaufen. Das *Agent Orange* hatte einen Prozess in seinem Körper in Gang gesetzt, der schließlich zu seinem Tod führen sollte. Doch Jake glaubte, dass er erst gehen konnte, wenn er dem „Big Boss" in Washington seine Botschaft übermittelt hatte. Jake hatte vielleicht noch einige Themen mit sich selbst zu klären.

Wenn wir verstehen wollen, was die Sterbenden uns lehren können, sollten wir ihre Worte nicht als Wahnvorstellungen abtun – auch wenn es stimmt, dass todkranke Menschen zuweilen Geschichten erfinden, die ausschließlich der Fantasie entspringen. Einige Medikamente oder Krankheiten können eigenartige Reaktionen hervorrufen. Das Problem ist, dass die Lebenden oft *alles*, was aus dem Mund eines Sterbenden kommt, als Produkt einer Amok laufenden Fantasie abtun. Das kann ein großer Fehler sein.

Wenn ein Sterbender die Vorbereitungen für die große Reise trifft, scheint es oft, als habe er noch eine Aufgabe abzuschließen. Und wenn diese Aufgabe abgeschlossen und erledigt ist, kann er in Frieden ziehen – nicht ohne uns noch etwas Wichtiges beigebracht zu haben.

Individuelle Unterschiede

Der Sterbeprozess verläuft bei jedem Menschen anders, so wie auch unsere Fingerabdrücke einzigartig sind. Es gibt keine zwei Menschen, die das gleiche Programm „abarbeiten", wenn sie die letzte Linie überqueren. Diesen Prozess zu beobachten kann jedoch für uns sehr lehrreich sein. Zwar unterscheiden sich unsere persönlichen Lebenserfahrungen erheblich von denen anderer Menschen, doch das Ziel bleibt schließlich das Gleiche.

Wie der Sterbeprozess verläuft, wird davon bestimmt, wie wir gelebt haben. Menschen erleben immer und überall Dinge, über die sie lieber nicht mehr nachdenken wollen. Vielleicht wird der Sterbende von einem moralischen Fehltritt in der Vergangenheit eingeholt. Vielleicht war er oder sie aber auch selbst Opfer von Gewalt oder Ungerechtigkeiten. Vielleicht hat uns der allzu frühe Tod eines Bruders, einer Freundin oder eines Elternteils in tiefe Trauer gestürzt, die immer noch an uns nagt. Wir reden nicht darüber, doch sie ist immer noch da ... sie treibt an der Oberfläche.

Treiben. Über dieses Wort sollten wir einmal nachdenken.

Zwar würden wir unsere Vergangenheit vielleicht nicht mit diesen Worten beschreiben, doch in Wahrheit ist es so, dass Ereignisse der Vergangenheit unser Denken verdunkeln können wie Wolken, die sich nie richtig verzogen haben. Im Lauf der Jahre haben wir uns einfach an ihre Anwesenheit gewöhnt. Ein Sterbender versucht vielleicht, diesen Nebel und Smog endlich aufzulösen, bevor er geht.

Die Klänge, Wörter und Halbsätze, die man oft als emotionale Ausrutscher im Angesicht des Todes abtut, können in Wirklichkeit ein Versuch sein, solche Überbleibsel der Vergangenheit aufzulösen. Die Wahrheit ist, dass wir im Wesentlichen so sterben, wie wir gelebt haben. Das Gestern betritt wieder die Bühne und beansprucht unsere ungeteilte Aufmerksamkeit, ungeachtet der Nachrichtenmeldungen, die die Weltöffentlichkeit gerade beschäftigen.

Ob und wie man diese ungelösten Probleme zu einem Abschluss bringt, beeinflusst unmittelbar die Art und Weise, wie man stirbt. Die Jake Alexanders dieser Welt mögen zu Lebzeiten mehr Kämpfe durchgestanden haben, als irgendjemand verdient, doch in ihren letzten Stunden empfinden sie die Mission, ihre Angelegenheiten zu regeln. Vielleicht sollten auch wir innehalten und die Themen, die uns selbst beschäftigen, sorgfältiger bedenken, solange unsere Knochen und Muskeln noch stark sind. Wenn wir unsere Angelegenheiten heute klären, macht es uns das mit Gewissheit leichter, am Ende unseres Lebens mit einem guten Gefühl Lebewohl sagen zu können.

Im Kino

Als Victor Parks sich auf seine letzte Reise begab, lag er stundenlang mit geschlossenen Augen da. Die meisten Angehörigen vermuteten, er befände sich in einer Art halb komatösem Zustand. Doch eine Krankenschwester begriff bei einem Hausbesuch schließlich, dass das nicht so war. Als Vics Augenlider flatterten, fragte sie: „Sind Sie wach?"

„Natürlich", entgegnete Vic. „Ich bin die ganze Zeit voll da."

„Wirklich?", fragte die Schwester. „Ihre Angehörigen glauben, Sie seien bewusstlos."

„Da liegen sie falsch. Ich habe sie einfach ausgeblendet."

„Und was tun Sie, wenn Sie so mit geschlossenen Augen daliegen?"

Vic öffnete die Augen ganz weit. „Ich schaue mir die Filme an. Sie sind absolut faszinierend und nehmen meine ganze Aufmerksamkeit in Anspruch."

Die Schwester ließ ihre Stimme eine Oktave höher rutschen. „Welche Filme?"

„Die in meinem Kopf. Ich sehe mir Szenen aus meinem Leben noch einmal an. Die Show ist gerade in vollem Gang. Das Kino liegt direkt hinter meinen Augen. Natürlich sind manche Szenen etwas verzerrt, und ich muss sie langsamer abspielen. Manchmal halte ich den Film an und denke über das nach, was damals war. Dann mache ich weiter."

„Und die Bilder sind in Ihrem Kopf?"

„Genau. Ich muss nur die Augen schließen, und dann kann ich den ganzen Film sehen. Es geht immer weiter."

„Erstaunlich", sagte die Krankenschwester.

„Stimmt." Vic schloss wieder die Augen. „Sehen Sie! Er läuft auf Hochtouren. Sagen Sie meiner Familie, dass das meine private Aufführung ist und ich hervorragend ohne sie zurechtkomme. Sie sollen sich keine Sorgen machen. Ich werde Ihnen Bescheid geben, wenn ich etwas zu sagen habe."

Dieser Zustand hielt einige Tage an. Auch wenn Victor Park den Anschein erweckte, ins Koma gefallen zu sein, entsprach das nicht den Tatsachen. Vic war einfach zu beschäftigt, um sich mit nebensächlichen Gesprächen abzugeben. Seine Zeit war knapp und er wollte sich bei seiner wichtigen Rückschau nicht unterbrechen lassen. Als er schließlich starb, schien das Lächeln auf seinem Gesicht zu sagen, dass er alle Filmrollen angeschaut hatte und mit dem endgültigen Schnitt zufrieden war. Seine Arbeit war getan. Vic konnte gehen.

Wir müssen nicht zwingend annehmen, das Schweigen eines Sterbenden bedeute, dass die Verbindung abgeschnitten ist und keine Gespräche mehr durchkommen. Die Wahrheit könnte ganz anders aussehen.

Die letzte Szene

Die Geschichte von Ben Harris sah ganz ähnlich aus wie die von Jake Alexander. Beide hatten in Vietnam gekämpft und einige der schlimmsten Situationen erlebt, die die Welt überhaupt nur zu bieten hat. In den Jahren danach erlebte Ben immer wieder Flashbacks, die ihn in regelrecht paranoide Zustände stürzten.

Wie ein Einsiedler setzte sich Ben auf einen alten Gartenstuhl in der Garage, wenn sich ein solcher Flashback ankündigte. So etwas konnte den ganzen Tag über auftreten und war immer mit Gewaltfantasien verbunden. Es hörte auch nicht auf, als ein Arzt Ben mitteilte, dass er nicht mehr lange zu leben hatte. Die Vergangenheit holte ihn nun sogar noch häufiger ein, was seine Paranoia noch verstärkte und es ihm zunehmend erschwerte, zwischen Realität und Fantasie zu unterscheiden. Doch Ben Harris wusste, dass er noch etwas zu tun hatte.

Er ließ alles andere liegen und machte sich daran, die Ereignisse aufzuarbeiten, die seine Gedanken so beherrschten. Als der Tod näher rückte, stellte sich Ben zum ersten Mal der gedanklichen und emotionalen Bewältigung der Erlebnisse, die inzwischen drei Jahrzehnte zurücklagen. Er setzte sich mit den viele Jahre alten Schreckensbildern auseinander und schaffte es, sich selbst und allen anderen Beteiligten zu vergeben und Frieden mit der Vergangenheit zu schließen. Er wurde freundlicher und sanfter, als er es je zuvor gewesen war. Schließlich war er bereit zu sterben. Seine Arbeit war getan und er konnte gehen.

Ben, Vic und Jake sind Beispiele, die wir im Gedächtnis behalten sollen. Sie sind Menschen, die Kämpfe durchzustehen hatten und durch sie die Menschen um sie herum lehren konnten, dass es möglich ist, sein Leben zu einem guten, runden Abschluss zu bringen, auch wenn in diesem Leben nicht alles glattgelaufen ist.

Kapitel 4

Die Geheimnisse des Lebens
(und des Todes)

Der Gedanke an den Tod beschäftigte mich nicht sonderlich, als ich mich auf ein Gespräch mit einem Freund einließ, der die Aufgabe übernommen hatte, geistliche Disziplin in mein Leben zu bringen. Auf meiner Suche nach Antworten war ich auf Gene Warr gestoßen, einen Mann, der sein ganzes Leben der Suche nach der Wahrheit gewidmet hat. Als junger Mann hatte ich mich mit dem Christentum auseinandergesetzt und war zu dem Schluss gekommen, dass meine Entscheidung davon abhing, ob die Auferstehung Jesu Christi von den Toten wirklich passiert war. Wenn Jesus den Tod besiegt hatte, wäre ich ein Narr, das nicht zu akzeptieren. Wenn diese Geschichte andererseits nicht stimmte, war die gesamte christliche Botschaft eine Lüge, und ich musste mich anderswo nach einem tragfähigen Grund für mein Leben umsehen.

Nach langer Forschung und Analyse kam ich zu dem Schluss, dass Jesus die Barriere zwischen dieser Welt und der nächsten eingerissen hatte. Doch was folgte daraus? Wie sollte ich den Tod verstehen? Eine überkonfessionelle Organisation, zu der ich Kontakt hatte, schlug mir vor, mich an Gene Warr zu wenden.

Damals lag Genes Zentrale im Zentrum von Oklahoma City. Ich ging hinein und die Sekretärin winkte mich in sein Büro durch. Als ich meine Fragen gestellt hatte, zog Gene eine Bibel hervor (wie er es immer tat) und begann mit seinen Erläuterungen. Der beste Ausgangspunkt, so sagte er, sei 1. Johannes 5,11-13. Dort steht:

„Gott hat uns ewiges Leben gegeben, und wir erhalten dieses Leben durch seinen Sohn. Wer den Sohn Gottes hat, hat auch das Leben. Wer aber den Sohn nicht hat, hat auch das Leben nicht. Ich habe euch diesen Brief geschrieben, damit euch aufs Neue bewusst wird: Ihr habt das ewige Leben, so gewiss ihr euch zu seinem Sohn Jesus Christus bekennt."

Gene klopfte auf die Seite. „Gott hat es gesagt. Ich glaube es. Damit ist alles gesagt." So war Gene. Für ihn war die Sache damit klar.

Für mich war es nicht ganz so einfach, vor allem, weil ich mich mit Philosophie beschäftigt, drei Jahre lang Altgriechisch studiert und mich lange Zeit als Agnostiker betrachtet hatte. Aber ich verstand, was Gene mir sagen wollte. Die Bibel sagt ganz deutlich, dass das ewige Leben eine Gabe Gottes ist, die wir gratis erhalten, wenn wir Jesus Christus kennenlernen.

Als ich die ganze Bibel durchlas, entdeckte ich, dass die Art und Weise, wie der Tod darin betrachtet wird, von der ersten bis zur letzten Seite eine Entwicklung durchläuft. Ursprünglich lag der Tod gar nicht in Gottes Absicht; er trat erst nach dem Sündenfall auf den Plan. Die ersten Christen nannten Jesus den „zweiten Adam", weil er den tödlichen Irrtum von Adam und Eva rückgängig machte und so der Welt neues Leben schenkte. Die Lehre der Bibel gipfelt in den Worten Jesu: „Ich bin die Auferstehung und das Leben. Wer mich annimmt, wird leben, auch wenn er stirbt, und wer lebt und sich auf mich verlässt, wird niemals sterben, in Ewigkeit nicht" (Johannes 11,25-26). Das Erscheinen, die Lehre, Tod und Auferstehung des Jesus von Nazareth stellten die Erfüllung aller Prophetien des Alten Testaments dar.

Das Alte Testament warnt vor Geisterbeschwörung und vor jedem Versuch, Kontakt mit Toten aufzunehmen. Saul wurde hart dafür bestraft, dass er versuchte, mithilfe der Hexe von En-Dor den verstorbenen Samuel zu befragen. Selbst die Todesstrafe wurde wegen solcher Praktiken verhängt. Ich war jedoch überrascht, als ich entdeckte, dass viele Christen nichts mit Nahtoderfahrungen zu tun haben wollten, weil sie sie im Licht eines Bibelverses wie zum Beispiel 3. Mose 20,27 interpretierten:

„Wenn aus einem Mann oder aus einer Frau ein Totengeist oder ein Wahrsagegeist spricht, müssen sie getötet werden. Ihr sollt sie steinigen; ihr Blut findet keinen Rächer."

Oder nehmen wir 5. Mose 18,10-11:

„Keiner von euch darf seinen Sohn oder seine Tochter als Opfer auf dem Altar verbrennen. Ihr dürft keine Wahrsager und Wahrsagerinnen unter euch dulden, niemand, der aus irgendwelchen Zeichen oder mit irgendwelchen Praktiken die Zukunft voraussagt, auch niemand, der Zauberformeln benutzt und damit Geister beschwört oder Tote befragt."

Sogar Pastoren, die Nahtoderlebnisse gehabt hatten und in der Öffentlichkeit darüber sprachen, sind schon in Konflikt mit ihrer Gemeinde gekommen. Dabei hatten ihre Erlebnisse nichts mit Zauberei oder Totenbeschwörung zu tun. Solche Dinge stoßen Menschen, die fast gestorben wären oder klinisch tot waren, einfach zu. Wie ein Gefühl oder eine Geschmacksfrage kann eine Erfahrung nicht richtig oder falsch sein. Wir müssen genau hinschauen, was eigentlich passiert ist, um die Bedeutung des Geschehenen zu verstehen.

Bevor wir nun die Geschichten von Menschen lesen, die einen Augenblick lang über das Ende des Lebens hinaussehen konnten, möchte ich Ihnen die Überzeugung deutlich machen, die hinter diesem Buch steht. Es kommt darauf an, nicht die Orientierung zu verlieren. Wenn wir hier keinen klaren Kopf behalten, können wir uns seltsame Interpretationen zurechtlegen, die keinen Sinn ergeben. Unser Ziel in diesem Buch ist es, von Anfang bis Ende mit der Bibel in Einklang zu bleiben. Ich glaube fest daran, dass Jesus Christus uns das Geschenk des ewigen Lebens anbietet, und ich möchte so gut wie möglich verstehen, was das konkret bedeutet.

Nach langem Forschen und Studieren bin ich zu der Überzeugung gekommen, dass diese Geschichten, die Menschen von jenseits des Lebens mitgebracht haben, die Bibel bestätigen und unser Verständnis für Gottes Wort vertiefen können. Nehmen wir die Angelegenheit genauer unter die Lupe.

Was ist Leben?

Ich weiß es nicht.

Und ich kenne auch niemanden, der weiß, was vom naturwissenschaftlichen Standpunkt aus gesehen das eigentliche Wesen des Lebens ist.

Ich kann Ihnen wissenschaftliche Daten liefern, die aussagen, ob ein Mensch am Leben ist, oder die erklären können, warum er starb. Wir alle verstehen, was geschieht, wenn das Herz zu schlagen aufhört oder die Atmung aussetzt. Natürlich wissen wir, wie ein totes Tier aussieht oder auch ein toter Mensch. Doch was ist das „Ding", das den Unterschied zwischen den beiden Zuständen ausmacht? Was macht einen Menschen lebendig? Und was verlässt den Körper, wenn das Leben aufhört? Wir können lediglich sagen, dass ein Mensch tot ist, und eine medizinische Diagnose zur Todesursache liefern. Aber wir wissen nicht, ob seine Seele seinen Körper verließ.

Das Leben ist eine geheimnisvolle Kraft, die sich nicht in Beschreibungen fassen oder irgendwie verstehen lässt. Niemand hat je eine Flasche voll „Leben" einfangen können, ebenso wenig wie eine Handvoll Wind. Wir finden Geschichten wie die von Frankensteins Monster so faszinierend, weil sie davon reden, dass ein Blitz, eine chemische Verbindung oder eine spezielle Operation ein unbelebtes Wesen wieder ins Leben zurückbringen kann. Natürlich ist das unmöglich, und genau das macht solche Geschichten so faszinierend. Letzten Endes stehen wir wieder an demselben Punkt wie unsere Vorfahren vor Hunderten von Jahren: Niemand weiß, was Leben *wirklich* ist.

Die Bibel nähert sich diesem Thema auf verschiedene Weisen. Die Heilige Schrift stellt Jesus Christus als die Verkörperung der Lebenskraft dar, die auch *ewiges* Leben ist. Die Kraft, die die gesamte menschliche Existenz geschaffen hat, fließt durch ihn. Wer an ihn glaubt, erhält das „ewige Leben". Was aber ist das? Eine Kraft? Eine Daseinsform? Gestaltet es mich von einem körperlichen Wesen zu einem geistlichen Wesen um? Gehören mein augenblicklicher Haarschnitt und mein Bart dazu? Tut mir leid, die Bibel sagt nichts dazu. Wir verstehen das innerste Wesen des Lebens nicht und werden es diesseits der Ewigkeit wohl auch nicht verstehen, aber die Verheißung bleibt wahr.

Der springende Punkt dabei: In diesem Zeitalter der Wissenschaft, wo wir über Mikroskope mit bis zu einmillionenfacher Vergrößerung verfügen und Paläontologen haben, die im Boden zigtausend Jahre alte Spuren aufstöbern, sind die Antworten auf die grundlegenden Fragen immer noch ein Rätsel. Wir sehen uns gern als Menschen, die souverän mit Fakten, Zahlen und Funktionen umgehen, doch wir verstehen immer noch nicht wirklich, was die Planeten dazu bewegt, durchs Weltall zu treiben. Das Leben ist ein Geheimnis. Wir müssen diese wichtige Einsicht immer beherzigen, wenn wir nicht die Orientierung verlieren wollen.

Wenn all diese Dinge für das Leben gelten, *wie viel mehr dann für den Tod?*

Weil wir keine Möglichkeit haben, zu erkunden, was mit dem, „der wir sind", nach dem Tod geschieht, sind wir umso erstaunter, wenn der Schleier vor dem Tod für manche Menschen unerwartet ein wenig gelüftet wird. Wir müssen zu verstehen versuchen, dass man das

Ende des Lebens nicht mit einem Reagenzglas und einem Rechenschieber erklären kann. Überall sind wir von Geheimnissen umgeben, sie gehören zum Leben ebenso sehr wie zum Tod.

Im Lauf der Menschheitsgeschichte kam es oft zu Ereignissen, die wirkten, als entstammten sie der Feder eines Schriftstellers. Schauen wir uns einmal Winston Churchill an. Während des 2. Weltkriegs wurde Churchill zum lebenden Symbol des britischen Kampfs gegen die Nationalsozialisten. Während der Bombardements auf London ging dieser couragierte Christ ohne zu zögern durch die Londoner Straßen. Churchill vertraute seinen engsten Mitarbeitern einmal an, dass er manchmal eine geheimnisvolle innere Stimme vernahm, die ihn vor drohenden Gefahren warnte. Und er hörte auf sie.

Als Winston Churchill zum Beispiel einmal drei Minister seiner Regierung zu sich nach Hause in die *Downing Street* eingeladen hatte, stand er unvermittelt vom Tisch auf und verschwand in die Küche. Draußen tobte gerade ein Luftangriff, doch bis zu diesem Augenblick hatte Churchill ihm keine Beachtung geschenkt. Aber nun hatte sich etwas verändert. Auf einer Seite der Küche war ein großes Fenster mit Blick auf den Garten. Churchill forderte den Butler und das Küchenmädchen auf, sofort die Küche zu verlassen und in einem Luftschutzkeller Zuflucht zu suchen. Als sie gegangen waren, kehrte er zu seinen Gästen zurück und setzte das Gespräch fort. Drei Minuten später ging eine Bombe hinter dem Haus nieder und zerstörte die Küche völlig, während Churchill und seinen Gästen kein Haar gekrümmt wurde. Churchill hatte auf die Stimme gehört.

Bei einer anderen Gelegenheit hatte Churchill einige Schützengräben inspiziert und kehrte dann zu seinem Wagen zurück. Wie immer stand die Wagentür offen, damit er seinen gewohnten Platz einnehmen konnte. Dieses Mal jedoch hielt er inne, überlegte einen Augenblick und ging dann, anders als sonst, um das Auto herum zur anderen Seite. Als der Wagen durch die verdunkelten Straßen zurückfuhr, explodierte eine Bombe auf der Seite, auf der Churchill normalerweise saß, und hob den Wagen hoch, sodass er nur noch auf zwei Rädern fuhr. Weil Churchill sich auf der anderen Seite des Wagens befand, blieb er unverletzt. Als ihn seine Frau fragte, warum all dies geschehen war, erklärte Churchill ihr, dass seine innere Stimme ihm geboten habe, anders zu handeln als sonst, und er ihr sofort gefolgt sei. Das rettete ihm das Leben.[4]

Geheimnisvoll? Sicherlich. Eine innere Stimme (sei es nun Intuition oder der Heilige Geist) ist wissenschaftlich nicht erklärbar. Doch solche geheimnisvollen Vorgänge ereignen sich jeden Tag. Sie wohlwollend zur Kenntnis zu nehmen ist ratsam, wenn wir uns auf das Unbekannte in dieser Welt und der nächsten einlassen wollen. Wir müssen offen sein, gerade wenn wir über Leben und Tod reden. Albert Einstein sagte einmal: „Das Schönste, das wir erfahren können, ist das Rätselhafte. Es ist die Quelle aller wahren Kunst und Wissenschaft."

Ein Überraschungsbesuch

Die folgende Geschichte ist ein weiteres Beispiel für die großen Mysterien, die Leben und Tod umgeben. Ich werde Ihnen im Lauf dieses Buchs viele solcher Geschichten erzählen, und viele von ihnen klingen, als entstammten sie direkt dem Neuen Testament. Ich bin der Überzeugung, dass Gott uns mit diesen Momentaufnahmen aus dem Jenseits zusätzliches Beweismaterial liefert. Vielleicht gehören sie zu dem, was wir „undeutlich wie in einem Spiegel" sehen, und dienen dazu, uns zu trösten.

Wenige Christen in den letzten Jahrhunderten hatten einen so hervorragenden Ruf wie C.S. Lewis, was ihre Redlichkeit, Weisheit und Intelligenz betraf. Nach Jahren der akademischen Laufbahn an der Universität Oxford war Lewis, ein Professor für mittelalterliche Literatur, ein kritischer Denker und Agnostiker. *Überrascht von Freude* ist die Geschichte seine Bekehrung, und Millionen haben dieses Buch gelesen. Seine Romane und Sachbücher sind bis heute Bestseller. Im Lauf seiner langen Karriere schenkten ihm sogar Menschen Vertrauen, die mit ihm oder seiner Theologie nicht übereinstimmten.

Eine Zeit lang fand sich die Nachricht von C.S. Lewis' Tod nur nebenbei auf den hinteren Seiten der Tageszeitungen, weil er am gleichen Tag starb, an dem Präsident Kennedy dem fatalen Attentat zum Opfer fiel. Die Flut an Geschichten über den gewaltsamen Tod eines US-Präsidenten nahm die Schlagzeilen auf Monate und Jahre in Beschlag. C.S. Lewis verschwand still und leise. Die Nachricht von seinem Tod verbreitete sich schließlich dennoch und rief erstaunliche Reaktionen rund um die Erde hervor.

J.B. Phillips ist in der angelsächsischen Welt für seine Übersetzung des Neuen Testaments in modernes Englisch bekannt. Lange bevor eine Reihe von neuen Übersetzungen herauskam, hatte Phillips begriffen, wie wichtig es war, der *King James*-Version mit ihrer veralteten, steifen Sprache eine zeitgenössische Übersetzung an die Seite zu stellen. Die *Phillips*-Übersetzung fand internationale Anerkennung und trug mit dazu bei, dass in den 1970er und 80er-Jahren eine Bewegung entstand, die es sich zur Aufgabe machte, die Bibel auf der Grundlage der ältesten Manuskripte genau und textgetreu zu übersetzen.

Unglücklicherweise hatte Phillips gesundheitliche Probleme. Das Fortschreiten seiner chronischen Erkrankung ließ ihn daran zweifeln, ob er mit der Arbeit am Alten Testament überhaupt noch fortfahren solle. Phillips wog das Für und Wider ab. Schließlich hatte England immer noch unter den Nachwehen des Zweiten Weltkriegs zu leiden, und es gab immer noch leere Regale in den Geschäften. Vielleicht hatte er die Grenzen seiner Kraft erreicht. Vielleicht sollte er sich nicht der schier unüberwindlichen Aufgabe stellen, das Alte Testament mit dem schwierigen hebräischen Kontext zu übersetzen – nur um es dann doch nicht zu Ende bringen zu können.

Er saß an seinem Schreibtisch und dachte lange über dieses Problem nach. Nach einer Weile stand er auf, ging zum Kamin hinüber und ließ sich in den schweren, gut gepolsterten Sessel vor dem wohltuenden Feuer fallen. Ein passender zweiter Sessel stand dicht daneben. Er starrte in die Flammen und dachte über die Anstrengung nach, die es bedeuten würde, an der Bibelübersetzung weiterzuarbeiten. Gedankenverloren achtete er nicht darauf, was im Zimmer vor sich ging.

Auf einmal schreckte eine Stimme Phillips aus seiner Grübelei auf. Er sah auf und erschrak, als er sah, wie sein alter Freund C.S. Lewis in dem anderen Sessel saß und ihn anlächelte.

„Ich möchte Sie ermutigen", setzte Dr. Lewis an. „Sie haben eine wichtige Arbeit zu erledigen."

J.B. Phillips starrte ihn an. Er hatte nicht einmal gehört, wie Lewis ins Zimmer getreten war. Gütiger Himmel! Seine persönlichen Probleme hatten ihn so sehr in Beschlag genommen, dass er nichts mehr um sich herum wahrnahm. Hatte er laut gedacht? Er glaubte es nicht.

Lewis betonte, wie wichtig die Phillips-Übersetzung des Neuen Testaments war. Er glaubte nicht, dass Phillips die Wirkung seiner Arbeit auf viele Menschen richtig einschätzte. Dr. Lewis schlug vor, dass er noch einmal darüber nachdenken sollte weiterzumachen.

Phillips stutzte, als Lewis ihn so drängte, und räumte ein, dass er noch einmal über die Angelegenheit nachdenken würde.

„Gut!", sagte C.S. Lewis. „Ich glaube, dass das der Weg ist, den Sie einschlagen sollten."

J.B. Phillips schaute wieder ins Feuer. Weil er Lewis immer sehr verehrt hatte, nahm er seine Worte ernst. Nach einigen Minuten des Nachsinnens wandte er sich wieder Lewis zu, nur um zu entdecken, dass der Sessel leer war. Der Mann war verschwunden!

Phillips sprang auf und suchte seine Haushälterin. Er fand es seltsam, dass er Lewis weder kommen noch gehen sehen hatte. Wann hatte die Frau Lewis ins Haus gelassen?

„Wann ist C. S. Lewis gekommen und wann wieder gegangen?", fragte Phillips die erstaunte Frau.

„Ich habe keine Ahnung, wovon Sie reden", erwiderte die Haushälterin. „Ich habe Mr Lewis nicht gesehen."

„Sie haben ihn nicht hereingelassen?" Phillip blieb der Mund offen stehen.

Die Frau schüttelte den Kopf. „Keine Ahnung, was Sie meinen." Sie zuckte die Achseln. „Ich habe Mr Lewis schon lange nicht mehr gesehen."

„Gehen Sie bitte ans Telefon", forderte sie Phillips auf. „Ich möchte, dass Sie Dr. Lewis zu Hause anrufen und herausfinden, was hier eigentlich passiert."

Die Frau ging, um den Anruf zu tätigen. Phillips kehrte an seinen Schreibtisch zurück. Was in aller Welt war eben geschehen? Er hatte Lewis dort sitzen sehen, da war er ganz sicher. Wie konnte die Haushälterin nicht bemerkt haben, wie er das Haus betreten oder verlassen hatte?

Plötzlich ging die Tür auf und die Haushälterin kam herein. Sie sah verwirrt aus, und ein Anflug von Erstaunen lag auf ihrem Gesicht, wie es Phillips bei dieser Frau noch niemals gesehen hatte.

„Ich habe eben mit der Haushälterin von C. S. Lewis gesprochen", sagte sie. „Sie hat mir mitgeteilt, dass Mr Lewis vor einer Stunde verstorben ist."

Ich hörte diese Geschichte zum ersten Mal, als ich in London arbeitete. Als sie im *Guidepost*-Magazin erschien, lasen sie Millionen Menschen, und wer mit der Arbeit von Phillips und Lewis vertraut war, konnte sie nicht als Unsinn abtun.

Können solche Geschichten Glauben hervorbringen? Ich glaube eigentlich nicht, dass es darum geht. Glauben ist etwas, auf das man selbst stoßen muss, eine Sache der persönlichen Entscheidung. Ich glaube allerdings, dass solche Momentaufnahmen gläubigen Menschen helfen können, auf Kurs zu bleiben.

Als Gene Warr mir in seinem Büro die Worte aus dem ersten Johannesbrief vorlas: „Ich habe euch diesen Brief geschrieben, damit euch aufs Neue bewusst wird: Ihr habt das ewige Leben", verfolgte er damit die Absicht, mir die Zuversicht zu schenken, dass mein persönliches Schicksal in Gottes Hand war, ob ich das nun vollständig begriffen hatte oder nicht. Ich musste mich nicht mehr davor fürchten, was mich am Ende meines Lebens erwartete.

Und das ist ein Orientierungspunkt, dem Aufmerksamkeit zu schenken sich lohnt.

Kapitel 5

Muster und Phasen

Wie wir bereits festgestellt haben, können mindestens 15 Millionen Menschen allein in den USA davon erzählen, dass sie etwas Außergewöhnliches am äußersten Rand des Lebens erlebt haben. Was also spielt sich dort wirklich ab? Gibt es irgendein Muster oder vorhersagbares System im Hinblick auf diese Begegnungen? Folgen diese Erfahrungen einer bestimmten Ordnung?

In Kapitel 2 verwiesen wir auf eine Studie zum Thema Nahtoderfahrungen, in der 37 Prozent der Befragten angaben, sie hätten diese Reise ins Leben nach dem Tod in einer Situation angetreten, die in keiner Weise lebensbedrohlich war. Diese Menschen gaben auch an, dass diese Begegnungen ebenso real und lebensverändernd auf sie wirkten wie bei denjenigen, die in einer wirklichen Nahtodsituation etwas Vergleichbares erlebt hatten. Das lässt annehmen, dass Menschen einen Blick in die Ewigkeit erhaschen können, ohne bereits dem Tod nah zu sein. Mit anderen Worten: Man muss sich nicht an Bord eines abstürzenden Flugzeugs befinden oder auf der Intensivstation, um diese Linie zu überschreiten. Es gibt keine klaren Hinweise darauf, *warum* manche Menschen solche Erfahrung machen und andere nicht. Doch tatsächliche Untersuchungen gibt es in diesem Bereich noch nicht lange, und daher liegt uns nur begrenztes Material vor, das zudem auch nicht wirklich wissenschaftlich zu behandeln ist.

Erste Schritte

Zum ersten Mal dachten wir über diese letzten Fragen ernsthaft nach, als die Ärztin Elisabeth Kübler-Ross 1969 ihr bahnbrechendes Buch *Interviews mit Sterbenden* veröffentlichte, in dem sie schilderte, wie sich Menschen auf den Tod vorbereiten. Durch ihre scharfe Beobachtungsgabe half uns Dr. Kübler-Ross zu begreifen, dass Sterben ein Prozess ist. Sie entdeckte fünf Phasen, die Sterbende auf dem Weg zu einem friedlichen Tod im Allgemeinen bewältigen müssen: Nach der Diagnose einer todbringenden Krankheit will der Patient es zunächst nicht wahrhaben. Das ist Phase 1 – die Leugnung. Darauf folgt der Zorn, Phase 2. Dann, in Phase 3, beginnt der Betroffene, um mehr Lebenszeit zu verhandeln, um manche Aufgaben noch zu vollenden. Wenn er merkt, dass es keinen Verhandlungsspielraum mehr gibt, fällt er in Depressionen, Phase 4. Wenn der oder die Sterbende diese Phase bewältigt hat, erreicht er oder sie Phase 5, die Zustimmung, und kann in Frieden gehen.

Als ich dieses Buch vor einigen Jahrzehnten las, half es mir zu verstehen, dass Zorn oder Niedergeschlagenheit nur ein Teil des Prozesses waren, der auf eine Klärung der persönlichen Angelegenheiten abzielte.

Später schrieb Dr. Kübler-Ross eine Einführung zu einem anderen Buch, das in den USA landesweit Aufmerksamkeit erregte. Ihr Vorwort zu *Leben nach dem Tod*, einem Buch des Arztes Raymond A. Moody, trug das

Seine dazu bei, die öffentliche Diskussion über eine wissenschaftliche Herangehensweise an das Jenseits, wie sie von diesem Bestseller angeregt wurde, noch weiter anzufachen. Moody erzählt die Geschichten von 50 Menschen, die über diese Grenze gegangen und wieder zurückgekommen waren. Unter anderem schloss Dr. Moody aus den Berichten, dass der Tod nicht das Ende sei, sondern nur ein „Wechsel". Seiner Auffassung nach hatte die moderne Wissenschaft das Sterben zu kompliziert gemacht, indem sie Definitionen für den Tod geliefert habe, die eigentlich nicht zuträfen. Darüber hinaus schenkte sein Buch, vielleicht zum allerersten Mal, Berichten von Menschen wirkliche Beachtung, die das Ende des Lebens erlebt und zurückgekehrt waren. Häufig wurden diese Berichte von einem christlichen Publikum gelesen, das jedoch nicht wusste, wie es damit umgehen sollte. Ein Problem dabei war, dass dieses Buch ihre theologische Auffassung zum Tod infrage stellte, und das wollten sie nicht zugeben.

Moody wurde zu diesem Buch durch einen Vortrag von George Ritchie angeregt, einem ehemaligen Gefreiten der US-Armee, der über seine außergewöhnlichen Erfahrungen im Zweiten Weltkrieg sprach. Er war an einer doppelseitigen Lungenentzündung erkrankt und sprach auf keine der Behandlungen an. Schließlich hatte man Ritchie für tot erklärt und in die Leichenhalle gebracht. Als ein Praktikant bemerkte, wie sich Ritchies Hand bewegte, injizierte man ihm Adrenalin, und seine Lebenszeichen kehrten zurück. Später, nachdem er Psychiater geworden war, sprach Dr. George Ritchie oft über das, was er erlebt hatte, während er in der Leichenhalle aufgebahrt war.

Auch andere Bücher zu ähnlichen Themenkreisen erschienen nun, wie etwa Betty J. Eadies *Licht am Ende des Lebens*, und in jüngerer Vergangenheit Don Pipers Bestseller *90 Minuten im Himmel* (Gerth Medien, 2006), in dem er von seinem Tod nach einem schrecklichen Autounfall mit einem Lastwagen berichtet.

In dem Buch erzählt Piper, wie er sich in dem einen Augenblick noch in dieser Welt befand, und einen Augenblick später wusste er, dass er im Himmel war. Eine große Gruppe alter Bekannter stand vor einem leuchtenden Tor und wollte ihn willkommen heißen. Zuerst sah er seinen Großvater, der ihn ebenso liebevoll begrüßte wie einige alte Freunde und Bekannte. Herrliche Klänge und wunderbare Musik erfüllten die Luft. Der Rest des Buchs schildert die Geschichte seiner langwierigen Rekonvaleszenz, nachdem er wieder in seinen Körper zurückgekehrt war.

Phasen in diesem Prozess

Bevor *90 Minuten im Himmel* oder einer der anderen in letzter Zeit erschienen Berichte über Nahtoderlebnisse veröffentlicht wurde, untersuchte Dr. Kenneth Ring viele der Themen, die in Raymond Moodys Buch angesprochen wurden, und versuchte Gemeinsamkeiten oder irgendeine Form von System bei den von Moody und anderen erzählten Geschichten zu finden. In seinem Buch *Life at Death: A Scientific Investigation of the Near-Death Experience* („Leben beim Tod: Eine wissenschaftliche Untersuchung der Nahtoderfahrung") fand Ring, dass es offensichtlich keinen Zusammenhang zwischen

Geschlecht, Todesart, Gesellschaftsschicht einerseits und der Möglichkeit andererseits gab, ein Erlebnis dieser Art zu haben. Hingegen fand Dr. Ross heraus, dass Nahtoderfahrungen sich oft in fünf Phasen gliedern:

1. Die Betreffenden hatten eine außerkörperliche Erfahrung. Oft konnten sie ihren Körper neben oder unter sich sehen.
2. Sie fühlten sich außerordentlich wohl und spürten, wie Frieden sie durchströmte.
3. Sie hatten das Gefühl, in der Dunkelheit zu treiben, was oft dem Betreten eines Tunnels oder dem Eintritt in ein formloses Nichts glich.
4. An irgendeinem Punkt dieser Reise durch etwas, das man als „Weltall" beschreiben könnte, hatten sie eine Begegnung mit einem Wesen, vielleicht einem Engel, der mit ihnen erörterte, ob sie leben oder sterben sollten. Dann wurde die Entscheidung getroffen, dass sie zurückkehren und eine Aufgabe zu Ende bringen sollten, die sie noch nicht erledigt hatten.
5. Manchmal begegnete der Betreffende einem Verstorbenen, den er früher gekannt hatte und der ihm sagte, dass für ihn die Zeit zu sterben noch nicht gekommen sei, und der Betreffende kehrte zurück.

Rings fünf Phasen neben Kübler-Ross' fünf Phasen des Sterbens zu betrachten, liefert uns einen faszinierenden Ansatz. Interessanterweise beendet Moody sein Buch mit den Worten: „Wenn Erfahrungen, wie ich sie in diesem Buch diskutiert habe, einen realen Hintergrund haben, hätte das eine sehr weit reichende Bedeutung ... Denn dann wäre erwiesen, dass wir dieses Leben nicht wirklich

verstehen können, ehe wir nicht einen Schimmer bekommen von dem, was darüber hinausgeht."[5]

Biblische Berichte

Haben Sie die ursprüngliche Frage zu Beginn dieses Kapitels über die Möglichkeit eines wiederkehrenden Mus-
ters oder einer Systematisierung von Nahtoderlebnissen
noch im Kopf? Bevor wir weitermachen, lassen Sie uns
erst einmal betrachten, was die Bibel dazu sagt.

Das Alte Testament gibt sich recht vage. Im Allgemeinen gelangen die Toten in den *Scheol*, einen offenbar
schattenhaften Ort, der nicht näher erklärt wird. Die betreffenden Abschnitte deuten an, dass die Menschen
dort nur noch eine blasse Ähnlichkeit mit ihrem vorigen
Erscheinungsbild aufweisen. Psalm 16 verheißt Hoffnung und die mögliche Freilassung aus diesem Totenreich:

„Darum bin ich voll Freude und Dank, ich weiß
mich beschützt und geborgen. Du, Herr, wirst mich
nicht der Totenwelt preisgeben! Du wirst nicht
zulassen, dass ich für immer im Grab ende; denn
ich halte in Treue zu dir! Du führst mich den Weg
zum Leben. In deiner Nähe finde ich ungetrübte
Freude; aus deiner Hand kommt mir ewiges Glück"
(V. 9-11).

Der Höhepunkt im Alten Testament wird vielleicht im
Buch Daniel erreicht. In dieser apokalyptischen Schrift
weist Daniel nachdrücklich auf das Kommen des Messias

hin. Im letzten Kapitel erweitert er den jüdischen Blickwinkel:

„Viele, die in der Erde schlafen, werden erwachen, die einen zu ewigem Leben, die andern zu ewiger Schmach und Schande. Die Einsichtigen werden leuchten wie der taghelle Himmel, und alle, die anderen den rechten Weg gezeigt haben, werden glänzen wie die Sterne für ewige Zeiten" (Daniel 12,2-3).

Der Tod wird hier mit einer Art Schlaf verglichen, aus dem man wieder aufwachen kann. Der Prophet scheint hier zu verstehen zu geben, dass dieser Zustand nur von begrenzter Dauer ist und irgendwann in der fernen Zukunft ein Ende haben wird. Außerdem fügt er einen neuen Blickwinkel hinzu, wenn er vom Gericht und der Erlösung redet.

Wenn wir das Neue Testament aufschlagen, geht es mit gewaltigen Schritten vorwärts. Die Seiten sind voll von Geschichten, in denen Jesus Kranke heilt oder Tote wieder auferweckt. Die Auferweckung des Lazarus, nachdem er schon drei Tage tot gewesen war, stellt einen Meilenstein dar (siehe Johannes 11). Schließlich überquert Jesus in Kreuzigung, Tod und Auferstehung selbst die Grenze zwischen Leben und Tod und kehrt wieder in diese Welt zurück. Und wieder ist es ein geheimnisvolles und wunderbares Ereignis, das sich mit dem menschlichen Verstand nicht wirklich fassen lässt.

Nach der Himmelfahrt Jesu entwickelte der Apostel Paulus eine umfassende Theologie, die sich auf die Auferstehung gründete. In 1. Korinther 15 lesen wir in aller Ausführlichkeit, was es für uns bedeutet, dass Jesus Christus den Tod besiegte und ins Leben zurückkehrte.

Wir werden diesen Abschnitt noch genauer unter die Lupe nehmen, doch wir sehen bereits, dass die Bibel verschiedene Nahtodgeschichten erzählt, vor allem im Neuen Testament. Doch wie bei den anderen Geschichten, die wir bisher betrachtet haben, handelt es sich lediglich um Skizzen, die viel der Fantasie des Lesers überlassen. Glücklicherweise können wir auf Forschungsarbeiten zurückgreifen, die es uns ermöglichen, die bisher gefundenen Ergebnisse miteinander zu vergleichen.

Andere Muster

Als Moody die Nahtoderfahrungen untersuchte und der Öffentlichkeit seine Beobachtungen in seinem Buch vorlegte, stellte er fest, dass Menschen, die dem Tod nah gewesen waren, eine Reihe von gemeinsamen Entdeckungen gemacht hatten. Die Einzelheiten dieser Erfahrungen unterschieden sich erheblich voneinander, doch häufig umfassten sie ein Gefühl des Friedens, ungewöhnliche Klänge und die Sicht durch einen dunklen Tunnel oder auch eine formlose, dunkle Leere, die man mit einem Tunnel vergleichen könnte.

Was diese Menschen zu Gesicht bekamen, überstieg oft ihre Möglichkeiten, es mit Worten zu beschreiben. Manchmal fanden sie sich außerhalb ihres Körpers wieder und begegneten „geistigen Wesen"; manchmal wurden diese als Engel geschildert oder auch als verstorbene Verwandte oder Freunde. Manchmal zog ihr Leben blitzschnell wie ein Film noch einmal vor ihren Augen vorüber. Als sie wieder in ihren Körper zurückkehrten, fanden es viele schwierig, anderen das Erlebte zu vermitteln. Hinterher war ihre Angst vor dem Tod wie weggeblasen, und sie merkten, dass sich ihr eigener Blickwinkel erheblich erweitert hatte und sie weniger egoistisch dachten.

Nach Veröffentlichung des Buchs führte Moody noch Hunderte weiterer Interviews und fügte der Liste der Erfahrungen noch viele Aspekte hinzu. Dazu gehört zum Beispiel die Tatsache, dass manche Menschen eine Art Präsenz entdeckten, in der anscheinend alles Wissen wohnte. Manche sahen Städte aus Licht, während andere berichteten, dass sie ein Reich voll verwirrter und verzagter Geister gesehen hätten.

Raymond Moodys Beobachtungen liefern uns faszinierende Hinweise, die wir mit der Bibel vergleichen können. Mit diesen und den anderen Hinweisen, die wir bis zu diesem Punkt betrachtet haben, kennen wir nun viele Muster und Gemeinsamkeiten hinsichtlich dieser Erfahrungen und haben sogar davon gehört, dass man möglicherweise nach dem Tod unterschiedliche Phasen durchläuft. Dennoch gilt es noch weiteres Material zu untersuchen und weiterzuforschen.

Kapitel 6

Schwierige Bilder

Wenn wir Schwierigkeiten mit diesen Bildern haben, sollten wie nicht vergessen, dass wir uns Momentaufnahmen anschauen und keinen Dokumentarfilm, den wir nach Belieben vor- und zurückspulen und stundenlang ansehen können. Wir bekommen lediglich einen (oft „unscharfen") Schnappschuss, eine Erinnerung, eine Erfahrung, die meist nicht lange dauerte, wenn man sie mit der Uhr misst.

Wer die Grenze zum Tod überschreitet, verliert meist jedes Zeitgefühl und mag der Auffassung sein, die Nahtoderfahrung habe Tage oder Wochen gedauert, doch in aller Regel handelt es sich nur um eine kurze Zeitspanne. Wir haben in diesem Abschnitt nicht das Ziel, wilde Behauptungen aufzustellen, sondern solides Beweismaterial vorzulegen, auf das man sich verlassen kann.

Seit die Bücher von Kübler-Ross, Moody und anderen in der breiten Öffentlichkeit diskutiert werden, wurde eine Reihe von Gegenargumenten geltend gemacht. Einzelne Menschen berichteten von Erfahrungen, die nicht in die „Norm" der geschilderten Erlebnisse passten. Weil solche Geschichten überall kursierten, nahm man in der Öffentlichkeit naturgemäß an, dass man bestimmte Ereignisse erwarten könne, wenn solch eine Nahtoderfahrung wirklich real sei. Zum Beispiel hieß es in diesen Berichten häufig, dass ein „Tunnel" betreten worden sei, und man nahm an, dass dies für jeden Menschen, der ein Nahtoderlebnis hatte, der Ausgangspunkt war. Als jedoch das Gallup-Institut für Meinungsforschung dieser Frage nachging, fand man heraus, dass nur 9 % der Menschen, die behaupteten, über die Grenze des Lebens hinausgeblickt zu haben, in dieser Situation durch einen Tunnel gegangen waren.[6] Solche Unterschiede sorgen für Verwirrung und Unsicherheit. Wie sollen wir uns einen Reim darauf machen?

Wir dürfen dabei einige Dinge nicht vergessen.

Wir haben es mit einem Geheimnis zu tun, einer Erfahrung, die unsere menschliche Fähigkeit übersteigt, solche Erlebnisse hundertprozentig zu verstehen, weil sie außerhalb unseres Horizonts liegen. Wir können darüber nicht so reden oder das Ereignis so schildern, dass es für Menschen Sinn ergibt, die so etwas noch nie erlebt haben, weil es nicht mit unserem normalen Verstand zu fassen ist. Das bedeutet nicht, dass das Ereignis unvernünftig oder unmöglich zu untersuchen wäre – es passt lediglich nicht in die logischen Kategorien, mit denen wir normalerweise arbeiten. Es hat sich etwas ereignet, für das wir keine geeignete Forschungsgrundlage kennen.

Zum Beispiel sprechen viele katholische Christen von der tatsächlichen Gegenwart Jesu Christi im heiligen Abendmahl. Sie glauben, dass Jesus auf geheimnisvolle Weise wirklich in Brot und Wein gegenwärtig ist. Wie kann Jesus Christus, der vor über 2 000 Jahren geboren wurde, *heute* in einem *Nahrungsmittel* und einem *Getränk* gegenwärtig sein? Warum können wir das nicht besser erklären? Weil es sich letzten Endes um ein Geheimnis handelt, ein Ereignis, das über unsere alltägliche Erfahrungswelt hinausgeht.

Dieser verwirrende Aspekt führt uns zu einem zweiten Thema, das wir im Hinterkopf behalten sollten: den Begrenzungen der Sprache. Wir nehmen an, dass jeder weiß, was wir meinen, wenn wir etwas sagen, doch das stimmt nur selten. In Wirklichkeit werden wir oft missverstanden, weil Worte für unterschiedliche Menschen unterschiedliche Bedeutungen haben. Ein Mensch ruft dem anderen vielleicht zu: „Hallo, altes Haus", und hat damit eine neckende Begrüßung im Sinn. Der andere empfindet das vielleicht als Beleidigung.

Wenn wir eine geistige Welt verstehen wollen, die noch niemand bewohnt hat, müssen wir ein weites Spektrum an möglichen Bedeutungen und Interpretationen zulassen. Und wir müssen alle möglichen Fragen stellen, auch wenn wir zunächst davon ausgehen, dass wir nicht alles verstehen. Wenn Menschen das Unbeschreibliche beschreiben, müssen wir aufmerksam zuhören, bevor wir uns ein Urteil erlauben.

Auch der Blickwinkel ist von wesentlicher Bedeutung. Vielleicht liest jemand das, was ich bis hierhin geschrieben habe, und sagt sich: „Das ist alles Unsinn." Neben ihm sitzt vielleicht jemand anders, der sich sagt: „Wie wunderbar!" Warum haben die beiden Leser solch einen unterschiedlichen Blickwinkel?

Wenn wir anfangen, ein Buch zu lesen oder eine Frage zu untersuchen, gehen wir normalerweise mit bestimmten Denkvoraussetzungen an das Thema heran, die uns selbst nicht immer bewusst sind. Die Überzeugungen, die wir schon immer gehegt haben, bestimmen weitgehend, wie wir Dinge sehen und interpretieren, vor allem Bücher wie etwa die Bibel. Und natürlich bestimmen sie auch unseren Umgang mit Nahtoderfahrungen.

Kein Thema fordert uns mehr geistige Offenheit und ehrliche Forschungsarbeit ab, als die Bedeutung von Nahtoderfahrungen zu untersuchen, weil kein Mensch dabei auf neutralem Boden steht. Wir alle haben unsere eigenen Denkvoraussetzungen, die wir außer Kraft setzen müssen, wenn wir über diese seltsamen Erfahrungen nachdenken, über die wir bereits gelesen haben und noch lesen werden.

Mitch

Können Sie sich noch an meinen Schwiegervater Mitchell Brantley erinnern? Im zweiten Kapitel schrieb ich über seinen Tod und was darauf folgte, doch es gibt noch mehr zu erzählen. Ich will Ihnen berichten, was *vor* seinem Tod geschah.

Mitch litt an einer Form der Hodgkins-Krankheit, die eine aggressive Krebserkrankung in seinem Lymphsystem auslöste. In dem Sommer, als seine Enkel aus Kalifornien zu ihrem letzten Besuch eintrafen, wirkte er normal und ansprechbar. Als man genug Bilder fürs Familienalbum aufgenommen hatte und alle wieder nach Hause gefahren waren, verschlechterte sich sein Gesundheitszustand drastisch. Er konnte eigentlich nur noch in seinem Wohnzimmersessel sitzen, und es ging ständig abwärts.

Hin und wieder rief Mitch nach einer Tante Ala. Aus heiterem Himmel drehte er sich in seinem Sessel um und sagte ins Leere: „Tante Ala, lass mich rein! Bitte lass mich rein."

Zunächst sagte niemand etwas, doch bald war es nicht mehr zu übersehen, dass er anscheinend fantasierte. Er sprach immer mehr mit ihr, weinte auch manchmal ein wenig, doch er sprach immer zu leise, als dass wir ihn hätten verstehen können.

Wer war Tante Ala? Keiner von uns hatte diesen Namen je gehört, niemand hatte eine Ahnung, wer diese Tante sein sollte. Wir dachten, dass Mitch vielleicht halluzinierte oder seine Krankheit ihm Dinge vorgaukelte. Unsere Denkvoraussetzungen und die sich daraus ergebenden Blickwinkel hatten uns blind für das gemacht, was Mitch gerade erlebte.

Nach einigen Nachforschungen fand ich heraus, dass Tante Ala eine etwas entferntere gläubige Verwandte gewesen war, die sich sehr um Mitch gekümmert hatte, als er noch jung war. Wir stießen auf eine Geschichte, die wir natürlich nicht beweisen konnten, dass sie nämlich Mitch Geld geliehen hatte, als er sein Geschäft aufbaute. Tante Ala hatte sich immer um Mitch gekümmert, und so, wie es aussah, stand sie nun bereit, um ihm über diese letzte Grenze zu helfen.

Wenn wir uns ausschließlich auf unseren Verstand verlassen hätten, wäre uns die Chance entgangen, diese einzigartige familiäre Erfahrung zu verstehen.

Wege aus der Verwirrung

Das Erste, was wir im Hinblick auf diese Nahtoderfahrungen oder Erlebnisse am Ende des Lebens im Hinterkopf behalten müssen, ist, dass keins so ist wie das andere. Diese Episoden beginnen nicht für jeden Menschen gleich, und sie sind nicht immer einfach zu verstehen oder zu erklären. Jedes Individuum macht seine ganz eigenen Erfahrungen, die genau auf diesen speziellen Menschen zugeschnitten zu sein scheinen.

Als der Psychiater Karl Jung gegen Ende seines Lebens von seinem Arzt aus einer Nahtoderfahrung zurückgeholt wurde, berichtete er, er habe sich in einer großen Bibliothek wiedergefunden, wo tiefgründige Diskussionen stattfanden. Jung war äußerst unglücklich, diesen Ort verlassen zu müssen. Andere Menschen finden sich in einem Garten wieder oder werden von einem wundersamen Licht angezogen. Viele Menschen schildern, wie sie einen Tunnel oder langen Gang entlanggehen. Wir wissen nicht, warum das Umfeld so unterschiedlich aussieht, sollten aber an den Ausspruch Jesu denken: „Im Haus meines Vaters gibt es viele Wohnungen" (Johannes 14,2). Könnte das vielleicht ein Grund sein?

Betrachten wir einmal die Gemeinsamkeiten: Viele Menschen berichten, sie seien durch eine Art Gang auf ein Licht zugegangen, das heller als die Sonne schien, ohne dass es ihre Augen blendete. Oft erscheinen dann eine oder mehrere Gestalten; die Verständigung scheint telepathisch vor sich zu gehen, in einer Sprache ohne Worte. Diese sehr knappe und wahrscheinlich unvollständige Schilderung stellt eine Art Einleitung zum eigentlichen Erlebnis dar.

In *Beyond the Light* („Jenseits des Lichts") beschreibt P. M. H. Atwater vier verschiedene und recht einzigartige Kategorien von Nahtoderlebnissen:

1. *Ersterfahrung oder Nichterfahrung.* Diese Erlebnisse sind eher als eine Art Vorstufe oder „Samenkorn" zu verstehen, das eine neue Möglichkeit aufzeigt, die Realität wahrzunehmen. Das können starke Wahrnehmungen von hilfreichen Stimmen oder Gedanken sein und auch außerkörperliche Erfahrungen. Inhaltlich sind diese Erlebnisse oft verschwommen und unklar.

2. *An den Himmel erinnernde Erfahrung.* Oft gibt es ein Wiedersehen mit verstorbenen Angehörigen, oder man sieht sein Leben noch einmal vor seinem inneren Auge ablaufen. Die Szene vermittelt Zuversicht und befreit den Betreffenden von Furcht. Der Schauplatz ist eindeutig definiert und vermittelt das Gefühl, sich an einem ganz bestimmten Ort zu befinden.

3. *Transzendente Erfahrung.* Diese Art von Erlebnissen beinhalten das Begreifen höherer Wahrheiten und vermitteln das Gefühl einer anderen Dimension. Diese Dimension fühlt sich eher wie eine Reise zu einem anderen Planeten an oder zu einer Welt mit anderen Formen und Größenverhältnissen.

4. *An die Hölle erinnernde Erfahrung.* Der Betreffende taucht in eine bedrohliche Leere ein, wo er mit seiner Vergangenheit konfrontiert wird. Die Szenen, die sich dort abspielen, sind alarmierend und in höchstem Maße unerfreulich. Dem Betreffenden wird angedeutet, dass es dort Strafe und Schmerzen gibt, was die Empfindung äußerster Bedrohung vermittelt.[7]

Zwar ist dies lediglich der Versuch einer Beobachterin, eine Reihe von einzigartigen Berichten irgendwie zu kategorisieren; er schenkt uns aber einen Blick für das, was Millionen von Menschen widerfahren sein mag, die von einer solchen Reise über die Lebensgrenze hinweg berichten konnten.

Atwaters Kategorien fügen dem Material, das wir noch zu untersuchen haben, noch eine weitere Dimension hinzu. Bisher habe ich nur positive Geschichten erzählt. Es gibt jedoch außerdem noch eine negative Spielart. Als Jesus von der Hölle sprach, benutzte er das Wort *Gehenna*, was der Name einer unablässig brennenden Müllhalde vor den Toren Jerusalems war. In Matthäus 5,22 lesen wir: „Wer zu seinem Bruder oder seiner Schwester sagt: Geh zum Teufel, gehört ins Feuer der Hölle." Der Jakobusbrief spricht von derselben Realität der Hölle (siehe Jakobus 3,6). In diesem Punkt stimmen die Evangelien und das Material, das wir den Nahtodberichten entnehmen, überein – es gibt anscheinend *zwei* andere Seiten.

Komplexität

Es ist nicht einfach, diesen Momentaufnahmen voller komplexer und faszinierender Geheimnisse einen Sinn zu entlocken. Dieses Thema wird uns fordern, geistige Flexibilität verlangen und manchen Menschen sogar Angst einjagen. Vielleicht fragen Sie sich: „Warum sollte ich mich da hindurchquälen?" Die Antwort lautet: Weil das, was Sie dort lernen, das furchterregendste und unvermeidlichste Ereignis Ihres Lebens in das überwältigendste Versprechen verwandeln kann, das Sie sich vorstellen können.

Kapitel 7

Die Kinder

Ich habe eine Weile in Kalifornien gelebt und in einer neu gegründeten Gemeinde an der Küste gearbeitet. Dort lernte ich Mary kennen, eine Krankenschwester, die auf einer Station tätig war, auf der Kinder mit Krebs im Endstadium und anderen tödlichen Krankheiten behandelt wurden. Ich bewunderte sehr, wie sie sich ständig um Kranke kümmerte, hätte aber nicht mit ihr tauschen wollen.

An einem Frühlingsmorgen erhielt ich einen dringenden Anruf von Mary. „Robert, ich weiß, dass du Spanisch sprichst, und ich brauche dich sofort hier!"

„Was ist denn los?", fragte ich sie.

„Wir haben hier eine Fünfjährige, die an Krebs stirbt. Sie kann kein Wort Englisch, und ihre Eltern auch nicht. Wir versuchen verzweifelt zu verstehen, wie sie sich fühlt, und ihr irgendwie zu helfen. Bitte komm und dolmetsche für uns."

„Ich komme", versicherte ich Mary. „Ich bin schon auf dem Weg."

Als ich im Krankenhaus ankam, erfuhr ich, dass die Familie aus Mexiko kam. Das kleine Mädchen, Alicia, hatte eine Chemotherapie erhalten, doch ihr Zustand verschlechterte sich trotzdem zusehends. Die Schwestern sagten mir, dass sie alle ihre Haare verloren hatte, und die Beulen, die ihren Körper bedeckten, waren

Krebsgeschwüre, die an die Oberfläche kamen. Niemand konnte mehr etwas für sie tun, und das Kind würde bald sterben. Sie wollten, dass ich herausfand, was in ihr vorging.

Leise betrat ich Alicias Zimmer und fand sie schlafend vor. Genau wie man mir gesagt hatte, hatte das niedliche kleine Mädchen all ihr Haar verloren. Auf ihren Armen, Beinen und der Brust konnte ich die Tumore sehen, die sich unter der Haut wölbten. Ihre Mutter und ihr Vater saßen zusammengekauert in einer Ecke des Zimmers. Die Angst stand ihnen ins Gesicht geschrieben.

„Como esta ustedes?", begann ich („Wie geht es Ihnen?").

Die Mutter schüttelte den Kopf. *„No bien"*, klagte sie („Nicht gut").

Ich versuchte ihrer Geschichte auf die Spur zu kommen, was sich jedoch als schwierig erwies, da ich sie sehr schlecht verstehen konnte. Sie sprachen einen Dialekt und stammten offenbar aus einer Gegend irgendwo südlich oder vielleicht westlich von Nogales im Sonora-Gebiet. Ihre Sprache war eine Mischung aus diesem Dialekt mit Spanisch und einigen englischen Brocken. Nach einer Weile hatte ich mich einigermaßen eingehört und konnte ihnen besser folgen. Sie schienen freundliche Menschen zu sein, die auf der Suche nach Arbeit in die Vereinigten Staaten eingewandert waren. Irgendwie waren sie in Los Angeles hängen geblieben und versuchten sich durchzuschlagen, so gut es ging.

Als Alicia aufwachte, war ich überrascht, dass ihr Spanisch viel besser und leichter zu verstehen war. Das hatte sie wohl irgendwo unterwegs aufgeschnappt. Das Kind begann eindringlich mit mir zu sprechen. Sie verstand, dass sie nur noch kurze Zeit zu leben hatte, und versuchte ihre Eltern zu trösten. Indem sie die Rollen von Eltern und Kind umdrehte, wurde sie ihnen tatsächlich zum Trost. Doch nun wollte sie ihnen nicht sagen, wie quälend ihre Schmerzen waren. Das geschieht bei Kindern oft, wenn die Eltern am Rand des Zusammenbruchs stehen.

Alicia vertraute mir an, dass ihr ganzer Körper schmerzte. Ich drückte ihre Hand und fragte sie, ob sie schon einmal in einer Kirche gewesen sei. Alicia sagte, dass sie keine Ahnung habe, was eine Kirche sei. Dieses fünfjährige Kind hatte noch nie etwas von Gott gehört und hatte keine Ahnung, wer Jesus war.

Einige Augenblicke redete ich mit ihr über die Liebe Gottes und darüber, wie Jesus Christus gekommen war, um uns von der Furcht vor dem Tod zu befreien. Alicia hörte aufmerksam zu und nickte dann mit dem Kopf. Sie schien alles zu akzeptieren, was ich sagte. Schließlich sagte sie mir, dass sie jetzt wieder schlafen wollte, weil das Land ihrer Träume so viel schöner war als diese Welt.

„Was siehst du, wenn du schläfst?", fragte ich sie.

„Oh, ich sehe sehr schöne Wesen!" Zum ersten Mal leuchteten Alicias Augen. „Sie haben Flügel und fliegen überall herum, auch um mein Bett!"

„Wirklich?" Meine Betroffenheit wich der Faszination über das, was Alicia sagte. Das Kind hatte noch nie von Engeln gehört, und trotzdem beschrieb sie sie genau so, wie wir sie uns von der biblischen Schilderung her vorstellen.

„Sie fliegen um mich herum und sind sehr, sehr hübsch", sagte Alicia. „Und dann ist da ein Mann. Er ist mein Freund."

„Wie heißt er?", fragte ich.

Alicia sah verwirrt aus. „Ich weiß es nicht. Ich habe ihn nicht gefragt, aber ich weiß, er ist mein Freund."

„Ich glaube, dass das vielleicht Jesus ist", sagte ich. „Wenn du das nächste Mal von ihm träumst, nenn ihn einfach Jesus und schau, was passiert. Und ich glaube, die Wesen, die du um dich herum fliegen siehst, heißen Engel. Sie sind Gottes Helfer und Boten und beschützen dich."

Alicia nickte und schlief wieder ein.

Ihre Eltern waren so verzweifelt, dass es unmöglich war, sie zu trösten, zumal ich mich nicht gut mit ihnen verständigen konnte. Die beiden klammerten sich einfach nur aneinander und weinten. Ich saß da und fühlte mich machtlos, versuchte zu helfen und betete, dass Gott in irgendeiner Weise eingreifen möge.

Eine Stunde später wachte Alicia wieder auf. Sie winkte mir näher zu kommen, sodass sie mir ins Ohr flüstern konnte.

„Ich habe mit Jesus geredet", sagte sie. „Er hieß wirklich so und er ist so lieb! Er hat mir gesagt, dass das das letzte Mal ist, dass ich zurückkommen muss. Wenn ich das nächste Mal einschlafe, gehe ich mit ihm nach Hause. Er wird für mich sorgen und mir wird nie mehr etwas wehtun."

„Das ist wunderbar", entgegnete ich, ohne wirklich zu verstehen, was ich da sagte.

„Ja", sagte Alicia. „Die Zeit ist fast vorüber", sagte sie, wobei sie unerwartet reif klang, und drückte meine Hand. „Ich möchte jetzt wieder schlafen."

Das Kind drehte sich um, und innerhalb von einigen Minuten war sie von uns gegangen.

Trotz ihrer quälenden Schmerzen starb Alicia so friedlich, wie ich es kaum je bei einem anderen Menschen gesehen habe.

„… und hindert sie nicht daran …"

Wusste ich, was ich tat, als ich an Alicias Bett stand? Keine Spur! Ich ging in eine Situation hinein, auf die ich nicht vorbereitet war, und ich konnte nur Schritt für Schritt vorgehen, während sich die Dinge entwickelten. Sehr häufig lernen wir durch einen Sprung ins kalte Wasser, was getan werden muss, und denken erst später über das nach, was wir gesehen haben. In diesem Fall lehrte Alicia mich einige wichtige Dinge.

Zunächst einmal schloss Alicia nicht die Augen in der Hoffnung, irgendwann in der Zukunft aufzuwachen, nachdem ein apokalyptisches Ereignis eingetreten war. In der einen Minute war Alicia in dieser Welt, und Sekunden später hatte sie das Reich betreten, das wir Himmel nennen. Wie immer sich das auch mit Ihrer Theologie verträgt – das ist es, was ich beobachtet habe. Außerdem ist anzumerken, dass Alicia zwar nie im christlichen Glauben unterwiesen worden war, sich der Himmel aber trotzdem für sie öffnete. Ich musste nur sanft nachhelfen, das, was sie bereits erlebte, zu benennen und zu identifizieren, doch es passte alles zusammen. Noch eine weitere Beobachtung: Ich spürte, dass Alicia weitaus mehr Intelligenz und Reife an den Tag legte, als es ihrem Alter entsprach. Ihre Sprache wurde erwachsener, als ihr Tod herannahte. Schließlich verließ sie diese Welt ohne Angst oder Unsicherheit.

Jesus sagte: „Lasst die Kinder doch zu mir kommen und hindert sie nicht daran; denn für Menschen wie sie steht Gottes neue Welt offen" (Markus 10,14), und dies schien auf Alicias Situation zuzutreffen. Offensichtlich sind Nahtoderfahrungen nicht allein Erwachsenen vorbehalten.

Eine der ersten professionellen Untersuchungen kindlicher Nahtoderfahrungen wurde mit Dr. Melvin Morses Buch *Closer to the Light: Learning from the Near-Death Experiences of Children* veröffentlicht.[8]

Das Interesse des Kinderarztes Dr. Morse war geweckt worden, als eine kleine Patientin, die fast ertrunken wäre, nach drei Tagen im Koma wieder aufwachte und erstaunliche Geschichten von einer wundervollen Reise erzählte, die sie unternommen hatte. Auch andere im medizinischen Sektor beschäftigte Menschen machten ähnliche Entdeckungen. Diese Geschichten waren oft so erstaunlich, dass selbst atheistische Ärzte und Schwestern ihre Meinung über den Tod und das Leben nach dem Tod änderten. Die Geschichten dieser Patienten rührten sie an, und sie merkten, dass sie bisher eine wesentliche Dimension des Lebens und des Todes außer Acht gelassen hatten.

Dr. Morse hatte unter anderem die Beobachtung gemacht, dass Kinder ebenso wie Erwachsene auf der anderen Seite von jemandem willkommen geheißen wurden. Hierbei handelte es sich manchmal um einen Verwandten oder einen anderen Menschen, den sie früher gekannt hatten. Die Rolle des Menschen, der sie willkommen hieß, schien darin zu bestehen, ihnen alle Furcht zu nehmen und sie ein vertrautes Gesicht sehen zu lassen. Dr. Morse fand außerdem heraus, dass 70 %

der Kinder mit Nahtoderfahrungen Engeln begegneten, wie es auch bei Alicia der Fall war.

Forscher, die in diesem Bereich tätig waren, fanden darüber hinaus heraus, dass Kinder, die eine solche Erfahrung gemacht hatten, mit einem regen Interesse für den Glauben zurückkehrten. Häufig schufen sich solche Kinder einen Platz in ihrem Zimmer, an dem sie beten konnten, und manche lasen auch eifrig in der Bibel.

Was können wir sagen?

Aufgrund meiner persönlichen Erfahrung und Studien wie der von Dr. Morse kann ich sagen, dass Kinder genau wie Erwachsene an der Grenze zum Tod einen Prozess durchlaufen und gleichzeitig ein Teil dieses Prozesses sind. Wenn sie einmal die Grenze überquert haben, erweist sich dieser Schritt als riesiger Sprung, der ihre Erwartungen, ihre Gefühle und ihr Verhalten nach der Rückkehr für immer beeinflusst. Wir begreifen: Mit einem Ohr in die Ewigkeit hineinzuhorchen verändert für den Rest unseres Lebens das, was wir hören, und Kinder bilden da keine Ausnahme.

Kapitel 8

Die dunkle Seite

Die meisten Nahtoderfahrungen, die ich untersucht habe, sind positiv. Die Betreffenden fanden einen neuen Sinn für ihr Leben und hatten das Gefühl, mit einem göttlichen Auftrag ausgestattet worden zu sein. Diese Menschen spenden uns anderen Trost und vermitteln uns, dass wir keine Angst vor dem Tod haben müssen. Doch schnell stellt sich die Frage: Gibt es auch negative Begegnungen? Kommt jemand völlig verzweifelt von der anderen Seite zurück? Sieht jemand nur Finsternis? Gibt es dort draußen jemanden, der einem Angst einjagt?

Ich sage es nur ungern, aber die Antwort auf alle diese Fragen lautet eindeutig: Ja.

Während der Arbeit an diesem Buch habe ich viele Menschen befragt, die beruflich mit Sterbenden arbeiten. Manche waren Ärzte oder Ärztinnen, andere Krankenschwestern, wieder andere Pastoren oder Seelsorger. Eine Reihe von Hospiz-Organisationen versorgte mich mit umfangreichen Listen von Geistlichen, die jeden Tag mit Sterbenden reden und beten. Sie haben viele Geschichten zu erzählen, doch einige von ihnen stimmen nicht unbedingt hoffnungsvoll.

Reverend Ray Wade arbeitete als Seelsorger in einem Hospiz im US-amerikanischen Bundesstaat Oklahoma, und in dieser Zeit sah er auch die finstere Seite des Todes. Er war ein sensibler Mann, der es als seine Aufgabe sah,

Sterbenden dabei zu helfen, die letzte Grenze so unbeschwert wie möglich zu überschreiten.

Ray erinnerte sich an eine Frau, die lange Zeit mit schwerem Alkoholismus zu kämpfen gehabt hatte. Sie war oft aggressiv und redete wenig. Im Gegensatz zu den eher wohltuenden Erfahrungen anderer Menschen, die an der Schwelle zum Tod mit Verwandten oder Freunden sprachen, die bereits „drüben" waren, lebte diese Frau in ständiger Furcht vor jemandem, den nur sie allein in der Ecke stehen sah. Obwohl sie keinen Alkohol mehr anrührte, schlug die Frau oft wie im Delirium um sich und befand sich meist in einem Zustand höchster Erregung, während ihr Körper langsam verfiel. Sie schien die unsichtbare Gestalt wiederzuerkennen und stand bis zum letzten Augenblick ihres Lebens in dieser Welt unter Spannung. Die Frau schien über das Ende des Lebens hinauszusehen, doch was sie dort zu Gesicht bekam, war kein schöner Anblick.

Gibt es eine Hölle?

In der Bibel werden die klaren Worte Jesu zu Himmel und Hölle überliefert. Sie sind vielleicht überrascht, dass Jesus häufiger über die Hölle sprach als über den Himmel. In der heutigen, sehr säkularen Gesellschaft reden wir nicht oft über diese Dimension der biblischen Lehre. In den meisten Gemeinden hört man vielleicht im Lauf von Jahren nicht eine einzige Predigt über dieses Thema. Die Lehre, es gebe ein letztes Gericht, wie auch immer es aussieht, wird vielleicht als zu negativ betrachtet, sodass es Besucher abschrecken könnte. Folglich versickert das Wissen über die Hölle in den Fußbodenritzen der Kirche.

Doch was lehrt die Bibel?

Sie sagt, dass es ein letztes Gericht geben wird. In Hebräer 9,27-28 lesen wir: „So wie jeder Mensch nur einmal sterben muss, danach kommt er vor Gottes Gericht, so wurde auch Christus nur einmal geopfert, um die Sünden aller Menschen wegzuschaffen. Wenn er zum zweiten Mal erscheint, dann nicht nochmals wegen der Sünden, sondern nur noch, um alle, die auf ihn warten, endgültig zu retten."

Das Neue Testament ist auffallend deutlich in seiner Ankündigung eines letzten Gerichts über den Menschen. Ob man diese Abschnitte nun metaphorisch oder wörtlich deutet, die Hölle wird jedenfalls als ein Ort der Finsternis geschildert, in dem man „heult und mit den Zähnen klappert"; sie wird auch als feuriger Ofen beschrieben.

Der anglikanische Theologe J.I. Packer geht davon aus, dass die Verlorenen in der Hölle mit vier Wahrheiten konfrontiert werden: Zunächst werden sie zu der Erkenntnis gezwungen, dass sie ihr Leben auf der Erde aus Sicht ihres Schöpfers auf die falsche Art verbracht haben. Zweitens werden sie entdecken, dass sie aus Gottes Reich der Gerechtigkeit und Freude ausgeschlossen wurden – und zwar zu Recht. Drittens müssen sie sich unaufhörlich der Tatsache stellen, dass all ihre Hoffnung und Freude für immer vergangen sind. Viertens werden die Verlorenen mit dem Faktum konfrontiert, dass sich ihre Lage nie mehr ändern wird.[9] Zwar mögen manche Gläubigen nicht mit Packers Einschätzung übereinstimmen, doch sie spiegelt die Worte der Bibel genau wider.

Die Frage nach der Rettung hängt an der Begegnung mit Jesus Christus. Wir werden durch eine persönliche, enge Beziehung mit dem einen wahren Gott gerettet. Diese Verbindung zwischen dem Einzelnen und dem Allmächtigen ist der Schlüssel, der die Tür zum Himmel aufschließt. Das kommt in vielen bekannten Bibelversen deutlich zum Ausdruck. In Johannes 3,16-17 heißt es: „Gott hat die Menschen so sehr geliebt, dass er seinen einzigen Sohn hergab. Nun werden alle, die sich auf den Sohn Gottes verlassen, nicht zugrunde gehen, sondern ewig leben. Gott sandte den Sohn nicht in die Welt, um die Menschen zu verurteilen, sondern um sie zu retten."

In diesem Zusammenhang steht das griechische Wort *pisteuon*, das sich von *pisteus* ableitet, für „glauben". Doch es beinhaltet weitaus mehr als das verstandesmäßige Akzeptieren einer Tatsache. Glaube fordert von einem Menschen, sich mit seinem ganzen Leben – und darüber hinaus – Jesus Christus anzuvertrauen.

Ein Blick auf die dunkle Seite

Verschiedene Forscher haben von Menschen berichtet, die bei ihrem Nahtoderlebnis von einer Abwärts- statt einer Aufwärtsbewegung berichten. Gracia Ellwood zum Beispiel fand heraus, dass es Gloria Hipple so erging. Sie stammte aus Blakeslee, Pennsylvania, und erlitt nach einer Fehlgeburt schwere Komplikationen. In der Zeit, als sie mit lebensbedrohlichen Blutungen zu kämpfen hatte, hatte sie ein schreckliches Erlebnis:

Sie hatte das Gefühl, in einem wirbelnden Strudel heruntergezogen zu werden. Zwar wusste sie nicht, was mit ihr geschah, doch sie merkte, dass ihr Körper kopfüber in die Finsternis stürzte. Sie versuchte sich irgendwo festzuhalten, doch nichts konnte ihren Fall abbremsen. Gloria erinnerte sich später, dass sie an ihre Kinder dachte und sich Gedanken darum machte, wer für sie sorgen werde. Sie schrie verzweifelt um Hilfe, doch nichts schien irgendetwas zu bringen. Gloria sah nur, dass sich der Zyklon zu einer Art Schornstein verengte. Am anderen Ende bemerkte sie einen schwarzen Fleck, der noch dunkler als der Strudel war. Der Fleck vergrößerte sich zu einem schwarzen Vorhang. Als sie näher kam, sah sie jedoch auch noch einen weißen Fleck, der wie ein helles Licht am Ausgang des Schornsteins schien. Vielleicht befand sie sich auf dem Weg nach draußen?

Unglücklicherweise stellte sich heraus, dass der weiße Fleck ein kleiner weißer Schädel war. Als Gloria näher kam, wurde der Schädel immer größer und verwandelte sich in ein verächtlich grinsendes Gesicht mit leeren Augenhöhlen. Der Mund klaffte weit offen, als der Schädel wie ein Geschoss auf sie zuflog. Gloria hatte Angst um sich selbst und das Schicksal ihrer Kinder. Sie schrie immer weiter. Plötzlich zersplitterte der Schädel, und ihr Fall verlangsamte sich. Ein großes weißes Licht trat an die Stelle des Schädels und strahlte etwas Beruhigendes aus, das sie willkommen zu heißen schien. Gloria spürte, wie sie emporgetragen wurde, und dann hörte sie, wie ihr Mann ihren Namen rief. Sie merkte, dass sie ihre Augen öffnen konnte, und plötzlich fand sie sich im Krankenzimmer wieder.[10]

Zwar entspricht Gloria Hipples Erfahrung nicht den gängigen Vorstellungen von der Hölle, doch die Bilder, die sie gesehen hat, jagen uns Angst ein. Sie bezeichnete es als die schrecklichste Erfahrung ihres ganzen Lebens, und dennoch war sie auch dankbar, weil sie eine zweite Chance erhielt, ihr Leben besser zu gestalten.

Manchen Menschen begegnen an der Schwelle Dämonen oder teuflische Gestalten, genau wie andere mit Bestimmtheit berichten, Engel gesehen zu haben. Manche Menschen beschreiben Folterkammern, finstere Räume, in denen man den Opfern Schmerz zufügt. Ein junger Mann namens Scott hatte eine Begegnung, die zu unseren Vorstellungen von der Hölle passt:

Scott überquerte gerade mit seiner Mutter die Straße, um sich ein Eis zu kaufen, als er von einem Auto angefahren wurde. Er wurde in die Luft geschleudert und landete nach einem Überschlag acht Meter weiter auf dem Bürgersteig. Plötzlich merkte er, dass er den Unfall aus der Krone eines nahe gelegenen Baums beobachtete. Er begriff sehr schnell, dass ihn niemand hören konnte. Das Nächste, woran er sich erinnerte, war, dass er sich an einem dunklen Ort befand und durch einen schwarzen Tunnel flog. Es fühlte sich an, als treibe er in der Luft und werde gleichzeitig von einer Art Wind vorwärtsgetrieben. Während er durch den Tunnel flog, fand er sich Auge in Auge mit einem Dämon oder einem teuflischen Wesen wieder. Er erschrak zu Tode.

Das Wesen hatte nicht das klischeehafte Aussehen, wie man es von Fastnachtskostümen kennt, mit Mistgabel und Hörnern, sondern erschien Scott in Form eines gewaltigen Haufens verrottenden Fleisches. Diese böswillige Wesenheit verhielt sich Scott gegenüber äußerst aggressiv. Sie teilte Scott immer wieder mit, dass er ein schlechter Mensch sei und nun unter der Kontrolle des Teufels stehe. Dieser finstere Ort jagte Scott große

Angst ein. Er erinnert sich, dass er einen Raum durchquerte und dort seinen Onkel vorfand, der zwei Jahre zuvor gestorben war. Immer noch lag er unter demselben Laken wie damals. Scott erinnert sich, dass er mit seinem Onkel telepathisch kommunizierte.

Kurz nach der Begegnung mit seinem Onkel wurde Scott aus diesem Reich der Finsternis hinauseskortiert und wachte Stunden nach dem Unfall in einem Krankenhauszimmer auf. Während seine Verletzungen abheilten, wurde Scott weiterhin von Albträumen geplagt, in denen andere teuflische Kreaturen auftauchten. Er war sich hundertprozentig sicher, dass er diesen heimtückischen Kreaturen nie wieder begegnen wollte, und infolgedessen entschied er sich, Gott näherzukommen.[11]

Die Realität der Hölle

Auf dieser Station unserer Reise können wir wieder einmal festhalten, dass die Geschichten von Leuten, die jenseits der Todesgrenze finstere Orte gesehen haben, zu den biblischen Erwartungen passen. Zumindest widersprechen sie ihnen nicht. Wir haben Berichte von Menschen, die das Schönste und das Schlimmste erlebt haben.

Der Kardiologe Maurice Rawlings entdeckte, dass seine Patienten dazu neigten, die negativen Aspekte eines Nahtoderlebnisses zu verschweigen. In seinem Buch *Jenseits der Todeslinie: Neue klare Hinweise auf die Existenz von Himmel und Hölle* berichtete er allerdings, dass fast die Hälfte der Menschen, die er nach erfolgreichen Wiederbelebungsversuchen interviewte, Erlebnisse und Orte schilderten, die nach der Hölle klangen.[12] Wenn das stimmt, ist die Anzahl derer, die einen Blick in die Hölle geworfen haben, größer, als wir vermutet hätten.

Genau wie die Menschen, die den Himmel betraten, schlugen auch die Menschen, die einen Vorgeschmack auf die Hölle erhielten, eine neue Richtung in ihrem Leben ein. Wie bei Scott veränderte dieser furchterregende Ausflug ins Leben nach dem Tod ihre Perspektive, nachhaltig ihr gesamtes Leben.

Teil II

Von den Bildern lernen

Alle, die auf den Herrn vertrauen, bekommen immer wieder neue Kraft, es wachsen ihnen Flügel wie dem Adler. Sie gehen und werden nicht müde, sie laufen und brechen nicht zusammen.
Jesaja 40,31

Die Toten sterben nicht. Sie schauen zu und helfen.
D. H. Lawrence, englischer Schriftsteller und Dichter

Im zweiten Teil werden wir uns mit den Einwänden beschäftigen, die gegen die Gültigkeit der vorliegenden Berichte vorgebracht werden, und wir werden darüber hinaus sehen, was wir aus den Mustern und ähnlichen Zügen dieser Erfahrungen schließen können. Wir werden verschiedene Konzepte betrachten, wie man die Worte und Erlebnisse sterbender Menschen interpretieren kann, zum Beispiel in Sachen Wahrnehmung oder Symbolik.

Nachdem ich Dutzende von Augenzeugen befragt und mit vielen Menschen geredet habe, die ein Nahtoderlebnis hatten, und stapelweise Literatur zum Thema gelesen hatte, habe ich die „Letzten sieben Schritte" zusammengetragen, die den meisten Sterbenden begegnen – eine Liste, von der ich hoffe, dass sie in Ihnen Zuversicht und freudige Erwartung auf das auslöst, was auf der anderen Seite liegt.

Kapitel 9

Einwände und Entgegnungen

Don Piper ist ein Baptistenpastor. 1989 starb er bei einem Autounfall und kehrte nach 90 Minuten ins Leben zurück. Einige Jahre später schrieb er zusammen mit Cecil Murphy auf, was *nach* seinem Tod geschah.

Sein Buch, das zu einem Bestseller wurde, schildert, was Don auf der Heimfahrt von einer Gemeindekonferenz am Nordufer des Lake Livingstone in der Nähe von Houston, Texas, zustieß.[13] Er wollte mit seinem alten, roten Ford Escort den *Gulf Freeway* hinunterfahren und entschloss sich, dorthin eine schmale Straße zu nehmen, die den künstlichen See überbrückte, der durch eine Aufstauung des Trinity River entstanden war. Die Brücke war eng, doch Don fuhr mit angepasster Geschwindigkeit und erwartete keine Probleme.

Unglücklicherweise fuhr von der anderen Seite ein schwerer Sattelschlepper auf die Brücke. Der Laster, der von einem Angestellten der texanischen Justizvollzugsbehörde gesteuert wurde, schlingerte über die Mittellinie und prallte mit einer Geschwindigkeit von annähernd 100 Stundenkilometern frontal auf Pipers Ford. Die Wucht der Kollision entsprach dem Aufprall gegen einen Baum bei fast 200 Stundenkilometern. Nur das sehr stabile Brückengeländer bewahrte den Wagen davor, in den See zu stürzen, doch er wurde vollkommen zerquetscht und Don Piper war sofort tot.

Als Nächstes merkte Piper, dass er im Himmel war. Große leuchtende Tore erhoben sich vor ihm, und eine Gruppe von Menschen stürmte auf ihn zu, um ihn zu begrüßen. Mit einem schnellen Blick erfasste Don, dass alle diese Menschen bereits gestorben waren. Aus der Gruppe trat als Erster sein Großvater Joe Kulbeth heraus, um ihn mit einer herzlichen Umarmung willkommen zu heißen. Zum großen Begrüßungskomitee gehörte auch ein ehemaliger Schulfreund von Don, ein hervorragender Sportler, der mit 19 Jahren bei einem Autounfall ums Leben gekommen war. Als er sich umsah, begriff Don, dass die Menschen, die um ihn herum standen, alle mehr oder weniger starken Anteil daran gehabt hatten, dass er Gott kennengelernt hatte.

Die Szene war in ein wunderbares Licht getaucht. Schließlich bewegte sich die gesamte Menschenmenge auf die Quelle dieses hellen Lichts zu. Als Don sich mit den anderen auf den Mittelpunkt dieses Lichts zubewegte, von dem er annahm, es sei Gott, spürte er, wie ihn heilige Ehrfurcht erfüllte, und dann begann er großartige Musik zu hören. Don erinnerte sich später an das erstaunliche Gefühl, von Liebe umgeben zu sein. Nie zuvor hatte er so bewegende Klänge vernommen. Wie ein Domchor mit seiner Musik Gott anbetet, sprachen auch diese Lieder von Lobpreis und Freude. Ein Großteil der Lieder pries Jesus Christus als König der Könige. Piper fühlte sich unglaublich wohl, hatte das Gefühl, hierhin zu gehören, und war nur zu gern bereit, für immer hierzubleiben.

Doch im nächsten Augenblick änderte sich alles. So plötzlich, wie er gekommen war, verließ Don Piper den Himmel auch wieder.

Die Sanitäter erklärten ihn für tot, sobald sie ihn kurz untersucht hatten. Der Unfall war um 11:45 Uhr passiert. Erst um 13:15 Uhr kamen sie dazu, die Leiche abzutransportieren. Doch da merkten die Sanitäter zu ihrer Überraschung, dass Don einen Puls hatte. Obwohl sein Körper sehr stark in Mitleidenschaft gezogen war und es noch Monate dauern sollte, bis er wieder laufen konnte, war Don Piper zurückgekehrt, um anderen Menschen von seiner Zeit im Himmel zu erzählen.

Auf den letzten Seiten seines Buchs *90 Minuten im Himmel* stellt Piper die Frage: „Was wollte Gott mir durch all diese Erfahrungen – meinen Tod und die lange Zeit meiner Genesung – beibringen? Wie können andere Menschen von meinen Erfahrungen profitieren?"[14]

Was können Sie und ich von diesen und ähnlichen Erfahrungen lernen, und wie können die Menschen um uns herum von diesem Wissen profitieren? Wir wollen im Folgenden zusammen über diese Fragen nachdenken.

Die medizinische Erklärung

Leider betrachten viele Menschen solche Erfahrungen mit ausgesprochener Skepsis oder sogar Geringschätzung. Bevor wir weitermachen, lassen Sie uns einmal innehalten und darüber nachdenken, wie die Medizin das erklären würde, was Don Piper erlebt hat. Wie reagiert die Wissenschaft auf die erstaunlichen Erfahrungen und Berichte so vieler Millionen Menschen? Wir können diesen Einwänden nicht ausweichen, ja, ich glaube sogar, dass wir uns ihnen stellen *müssen*, wenn wir glaubwürdig sein wollen. In den folgenden Abschnitten werden wir uns mit drei Möglichkeiten beschäftigen, wie Medizin oder Wissenschaft Erfahrungen wie die von Don Piper erklären würde.

Es spielt sich alles im Kopf ab

Am 20. Januar 1999 sagte Dr. Dean Eddell in Reaktion auf Berichte wie den von Pastor Don Piper, dass solche Erlebnisse im Wesentlichen auf einen starken Sauerstoffmangel zurückzuführen seien, egal wie aufregend und real sie auch klängen. Seiner Meinung nach waren diese Erlebnisse nichts weiter als eine körperliche Reaktion auf diese Extremsituation.

Hypoxie in ihrer schlimmsten Form ist ein kritischer Sauerstoffverlust und kann tatsächlich die visuelle Wahrnehmung so verzerren, dass die Wirkung einem Nahtoderlebnis gleichkommt. Bei wissenschaftlich überwachten Versuchen mit Hypoxiezuständen wurden oft außerkörperliche Erfahrungen geschildert, wie etwa das Gefühl, im Raum zu treiben, einen Tunnel herabzufallen oder helle Lichter zu sehen. Daher weisen Ärzte wie Dean Eddell gern auf Hypoxie als Erklärungsansatz hin. Wenn der Sauerstoffgehalt wieder das normale Niveau erreicht, kehren die Lebenszeichen zurück, und die seltsamen Halluzinationen klingen ab und verschwinden. Eine ähnliche Theorie besagt, dass Elektroschocks ungewöhnliche Effekte auslösen können, wie zum Beispiel unerwartet Musik zu hören.

Ist das möglich? Absolut, und es gibt genug Beweismaterial, das Dr. Eddells Theorie stützt. Don Piper und andere würden allerdings darauf hinweisen, dass sie während ihres Erlebnisses nicht unter Sauerstoffmangel litten. Bei vielen Erfahrungen, die wir bisher betrachtet haben, darunter auch bei denen von Piper, Jack Oscar und J. B. Phillips, spielte Sauerstoffmangel überhaupt keine Rolle und kann darum als Erklärungsmöglichkeit ausgeschlossen werden. Gehen wir zur nächsten medizinischen Erklärung über.

Es geht alles vom Bauch aus

Ein anderer Ansatz, der Nahtoderlebnisse erklären will, geht davon aus, dass die Betreffenden vorher irgendwelche bewusstseinserweiternden Drogen genommen haben. Von Ketamin, das normalerweise als Narkosemittel eingesetzt wird, weiß man, dass es Halluzinationen hervorbringen kann, wie zum Beispiel Visionen von hellen Lichtern, das Gefühl, einen langen, tunnelartigen Gang hinunterzugehen, oder auch die Begegnung mit fremdartigen Wesen. Daher könnten manche Wissenschaftler auf solch eine Droge als auslösenden Faktor für die Begegnungen mit dem Jenseits verweisen.

Natürlich können auch LSD, Marihuana und andere halluzinogene Substanzen eine Wirkung auslösen, die den Erlebnissen erstaunlich nahekommt, von denen Menschen berichten, die die Linie überschritten haben. Darüber hinaus zieht man die Möglichkeit in Betracht, dass die körpereigenen Endorphine (kurz für *endogene Morphine*) eine ähnliche Wirkung haben könnten. Diese vom Körper selbst produzierten Chemikalien stellen eine Methode des Organismus dar, mit plötzlichen starken Schmerzen umzugehen.

Man kann mit ziemlicher Sicherheit annehmen, dass die fünfjährige Alicia vor ihrem Tod kein LSD genommen hatte, und dasselbe gilt für Piper, Phillips und viele andere, deren Schicksal wir hier betrachtet haben. Doch natürlich kann man nie völlig sicher sein.

Es spielt sich alles in der Vorstellung ab

Es wird manchmal behauptet, dass unser Gehirn beim Sterben in eine Art Selbstschutz-Modus schaltet, der zu dem Selbsterhaltungsmechanismus gehört, den jeder von uns in sich trägt. Das den Dienst versagende Gehirn umgibt den Sterbenden mit tröstlichen Empfindungen, die unter anderem dazu führen können, dass er ein ungewöhnliches Licht oder die Gesichter alter Freunde sieht. Doch der Theorie zufolge sind solche Erlebnisse dann rein auf unsere Fantasie zurückzuführen. In dem Versuch, Nahtoderlebnisse wissenschaftlich zu betrachten, entwickelte Susan Blackmore detaillierte Theorien, die erklären sollen, wie das Gehirn solche Resultate hervorbringt. Ihrer Meinung nach könnte Sauerstoffmangel die Wahrnehmung von Klängen auslösen, indem das Gebiet um die Hörschnecke im Innenohr stimuliert wird. Vom Körper freigesetzte Endorphine und Neurotransmitter könnten den Hippocampus im Gehirn veranlassen, alte Erinnerungen wieder aufleben zu lassen, die dann wie ein Film vor dem inneren Auge ablaufen. Die Empfindung, sich außerhalb der Zeit zu befinden, könnte auf das Auseinanderfallen der Persönlichkeit zurückzuführen sein, wenn der Tod herannaht. Blackmores Theorien sind sehr komplex, doch einfach ausgedrückt besagen sie, dass

Nahtoderlebnisse lediglich ein Produkt der Fantasie sind.[15]

Andere Wissenschaftler schlagen andere Erklärungen vor, die mit der Vorstellungskraft zusammenhängen, wie zum Beispiel, dass fantasievolle Menschen eher ein Nahtoderlebnis haben als sachliche Typen. Damit läge die Schlussfolgerung auf der Hand, dass die Betreffenden sich solche Geschichten schlicht und einfach ausgedacht haben.

Aber würde sich wirklich jemand solche Geschichten aus den Fingern saugen? Richard Selzer verfasste das Buch *Raising the Dead: A Doctor's Encounter with His Own Mortality*, um genau so eine Geschichte zu fälschen. Nachdem das Buch auf den Markt gekommen war, räumte Selzer ein, dass er lediglich eine „unheimlich gute Geschichte erzählen" wollte. Ich bin mir sicher, dass es noch mehr Leute gibt, die solche Geschichten erfinden, nachdem sie von einer Nahtoderfahrung gehört haben. Doch weil ich persönlich anwesend war, als Mitch Bradley eine solche Erfahrung machte und als er starb, und weil Cindi Pursely mit Patienten wie Betty Meier und Al Harris vor deren Tod arbeitete, glaube ich, dass das nicht zu unseren Erfahrungen mit Nahtoderlebnissen passt. Auch Don Piper ist keineswegs ein hysterischer Charakter und hat nicht umsonst viele Jahre überhaupt nicht über sein Erlebnis im Himmel gesprochen.

Jenseits der Einwände

Ich bin einer der Ersten, der einräumt, dass Hypoxie oder ähnliche Zustände ungewöhnliche Wirkungen verursachen können. Natürlich kann Sauerstoffmangel das Gehirn dazu veranlassen, sozusagen Purzelbäume zu schlagen. Darüber hinaus leben wir in der westlichen Welt in einer von Drogen durchdrungenen Kultur. Nur sehr schlecht informierte oder sehr naive Leute würden nicht einsehen, dass jeder, der psychoaktive Drogen nimmt, unter Halluzinationen leiden kann. Ja, die Dr. Eddells dieser Welt haben Recht, wenn sie über die Auswirkungen von Sauerstoffmangel oder Stimulation durch chemische Substanzen reden. Dieses Erklärungsmuster passt allerdings nicht auf die Mehrzahl der Erfahrungen und Situationen, die wir bis hierhin betrachtet haben. Und es gibt Millionen von weiteren Nahtoderfahrungen, auf die diese Erklärungen unmöglich zutreffen können. Was machen wir also, wenn die Wissenschaft nicht alles erklären kann?

Ich schließe daraus, dass wir über zwei verschiedene Welten reden.

Manche Mediziner vertreten den Standpunkt, dass man versuchen sollte, alle anscheinend übernatürlichen Erfahrungen wissenschaftlich zu erklären. Seit der Aufklärung (die um 1500 n. Chr. einsetzte) gibt die Gesellschaft allgemein der Wissenschaft den Vorzug vor Religion und Glauben, wenn es darum geht, die Welt zu erklären. Manche Wissenschaftler scheinen seltsame oder schwer zu erklärende Vorfälle als eine Art Zaubertrick zu betrachten. Sie sind sicher: Es gibt eine einfache, rationale, medizinische Erklärung für alles, und es ist ihre

Aufgabe, sie zu finden. Sie glauben, dass eine chemische, physikalische oder biologische Antwort die Wahrheit *über jedes denkbare Geschehnis* liefert, so als ob man aufdeckt, wie das Taschentuch im Ärmel des Illusionskünstlers verschwindet. Zwar ist die Wissenschaft von unschätzbarer Bedeutung, wenn sie uns hilft, die Welt besser zu verstehen und falsche abergläubische Vorstellungen beiseitezuräumen, doch sie hat ihre Grenzen. Die Wissenschaft kann uns nicht in die geistige Welt begleiten – und schon gar nicht in die geistliche.

Natürlich hat der Sterbeprozess auch eine naturwissenschaftlich fassbare Seite, doch er verwischt die Grenzlinien zwischen dieser Welt und der nächsten. Die körperliche und geistige Welt begegnen und überlappen sich, wenn ein Mensch von uns geht. In diesem Übergangsstadium scheint der Sterbende mit je einem Fuß in beiden Welten zu stehen. Die Wissenschaft kann keinen Menschen auf dieser Reise begleiten. Soweit wir sagen können, liefern Reagenzgläser und Stethoskope keine Erkenntnisse mehr, wenn das Herz zu schlagen aufhört. Wir können analysieren, *warum* ein Mensch gestorben ist, aber wir können nicht sagen, wohin er gegangen ist. Das Geheimnis ist heute ebenso groß wie damals vor Tausenden von Jahren, als die Pharaonen die Pyramiden bauen ließen. Die Erfahrung des Sterbens zwingt uns dazu, die Grenzlinie zwischen unserer bekannten Welt und dem unerforschten Gebiet zu respektieren.

Auf der anderen Seite könnte man auch sagen: „Halt, einen Augenblick! Ich habe noch nie eine solche Erfahrung, wie Sie sie schildern, bei Menschen mitbekommen, die ich kenne oder deren Sterben ich miterlebt habe."

Ich verstehe diese Zurückhaltung, weil ich mit vielen Pastoren zusammengearbeitet habe, die während ihrer gesamten Dienstzeit niemals etwas Derartiges erlebt haben. Manchmal schütteln sie den Kopf und sind sich nicht sicher, wie sie mit dem großen Geheimnis des Sterbens umgehen sollen.

Meiner Auffassung nach lässt sich die Tatsache, dass wir nicht mehr von Nahtoderlebnissen oder Berichten vom Leben nach dem Tod hören, auf mehrere Faktoren zurückführen: Ergebnisse aus der Feldforschung scheinen darauf hinzuweisen, dass viele sterbende Menschen schon einige Zeit vor dem Tod in ein Koma fallen, oder der Tod kommt unvorhersehbar und plötzlich, wie beispielsweise bei einem tödlichen Unfall. In diesen Situationen gibt es oft weder Zeit noch Gelegenheit, irgendetwas außer dem Aussetzen des Herzschlags zu beobachten. Zweifellos sterben mehr Menschen so als auf langsame, begleitbare Weise. Ich habe außerdem herausgefunden, dass der Tod eine sehr intime Erfahrung sein kann. Es geschieht oft, dass ein Patient mit dem Sterben wartet, bis die ihm nahestehenden Menschen aus dem Zimmer gegangen sind. Das mag uns seltsam vorkommen, doch es geschieht zu häufig, um als Zufall gelten zu können. Wenn wir nicht gerade ausgesprochen viele Menschen in ihren letzten Stunden begleiten, ist es eher unwahrscheinlich, dass wir Zeuge einer Nahtoderfahrung werden.

Oft rufen Menschen erst einen Geistlichen, wenn der Tod unmittelbar bevorsteht. Das schränkt ganz nüchtern die Zeitspanne ein, in der man den Sterbenden begleiten kann. Ähnliches gilt für Ärzte. Oft tun sie ihre Arbeit und wenden sich dann schnell wieder anderen Patienten zu.

Vielleicht werden sie auch erst hinzugezogen, *nachdem* der Tod eingetreten ist. Unter diesen Umständen ist es natürlich nicht sehr wahrscheinlich, dass sie die letzten Stunden oder Minuten des Patienten erleben. Dass viele Ärzte also noch nie Zeuge einer Nahtoderfahrung waren, spiegelt eher das Wesen ihrer Arbeit wider als die Häufigkeit solcher Erlebnisse.

Es ist interessant, dass Dr. Raymond Moodys eigene Erfahrungen in seiner Praxis dazu beitrugen, die Diskussion zu diesem Thema in unserer Zeit in Gang zu bringen. Die Erlebnisse von Dr. George Ritchie, einem Psychiater, veranlassten Moody, sich eingehender mit diesem Thema zu beschäftigen. Auch Dr. Elisabeth Kübler-Ross entwickelte ihre Theorien aus ihrer eigenen medizinischen Praxis heraus. Es gibt überall Ärzte, die solche Erlebnisse bei anderen gesehen haben und dann versuchen, sie zu verstehen.

Gibt es eine Erklärung für die Geschehnisse in diesen erstaunlichen Geschichten über das Leben nach dem Tod? Ich glaube schon, aber wir werden sie wohl nicht in einem medizinischen oder wissenschaftlichen Fachbuch finden. Dazu müssen wir uns der Bibel zuwenden.

Weitermachen

Don Piper trug von dem schweren Unfall schreckliche Verletzungen davon. Unter anderem verbrachte er viele Monate im Krankenhaus mit einem Ringfixateur im Bein. Sein Heilungsprozess zog sich über viele Jahre hin, in denen er unter qualvollen Schmerzen litt. Obwohl er im Himmel überwältigende Freude erlebt hatte, musste er auf die Erde zurückkehren, um dort überwältigende Schmerzen zu erleiden.

Don berührte mit der von ihm veröffentlichten Geschichte unzählige Menschen, die mit Glaubensfragen zu kämpfen hatten. Sein Erlebnis im Himmel war so bemerkenswert, dass er sich immer wieder dorthin zurücksehnt, und doch weiß er, dass er auf dieser Erde die Aufgabe hat, Menschen zu trösten und zu ermutigen. Und das tut er auf unnachahmliche Weise.

Kapitel 10

Was können wir daraus lernen?

Mein jüngster Sohn Tate war 15 Jahre alt, als wir vom kalifornischen Lake Forest nach Oklahoma City zogen. Er fand bald in der Nachbarschaft einen neuen Freund, John Faulk. Obwohl das nun schon 30 Jahre her ist, kann ich mich noch erinnern, wie John in seinen Cowboystiefeln auf Tates Bett saß und plauderte. Er war ein positiver, freundlicher Junge und genau die Art von Freund, die Eltern sich für ihren Sohn wünschen. Sein Vater war Pastor, und zur Familie gehörten außer der Mutter Carol noch ein Sohn namens Colby und eine Tochter namens Delila. Die Faulks waren eine tolle Familie, und ich freute mich, dass Tate einen so guten Freund gefunden hatte, der direkt gegenüber wohnte.

In diesem Sommer fuhr Tate wie jedes Jahr ins Ferienlager der Gemeinde und sollte an einem Freitagabend zurückkommen. Ich würde ihn wie immer vom Gemeindeparkplatz abholen und alles über die Abenteuer hören, die er erlebt hatte. Doch da wusste ich noch nicht, was am Donnerstagabend passieren würde.

Erst am Freitagmorgen erfuhren wir die ganze Geschichte. Offenbar war John Faulk (der nicht mit ins Ferienlager gefahren war) am späten Donnerstagabend im Pool eines Freundes, der in der Nähe wohnte, gestorben. Die Obduktion später ergab, dass es sich um einen Herzanfall gehandelt hatte. Tates bester Freund war tot.

Natürlich war unsere ganze Familie schockiert bis ins Mark. Ich hatte die traurige Aufgabe, Tate an der Gemeinde abzuholen und ihm zu sagen, was passiert war. Er brachte kaum ein Wort heraus, sagte aber, dass er mit mir zusammen zu den Faulks fahren wollte, um ihnen unser Beileid auszusprechen. Mit einem unguten Gefühl machten wir uns auf den Weg.

Johns Vater George öffnete uns die Tür und bat uns herein. Zu meiner Überraschung wirkte er recht gefasst. Und was George zu sagen hatte, war etwas völlig anderes, als ich erwartet hätte.

„Ich glaube, ihr werdet vielleicht verstehen, was gestern Nacht geschehen ist", sagte George. „Wir erzählen diese Geschichte nicht jedem, weil manche Leute sie nicht begreifen würden."

„Äh, ja", nickte ich unsicher.

„Wir sind gestern nach dem Ganzen noch lange aufgeblieben ... vielleicht bis ein oder zwei Uhr", sagte George. „Wir waren so aufgewühlt, dass nichts mehr einen Sinn ergab. Schließlich haben wir uns hingelegt und nur noch gehofft, dass wir etwas Schlaf finden würden. Ich war schon fast eingedöst, als ich merkte, dass jemand am Fußende meines Betts stand. Es war fast wie in einem Traum, aber dann sah ich auf, und *da stand John.*"

Ich sah, wie Tates Augen groß wurden und sein Mund offen stand. Ich wusste nicht, wie ich reagieren sollte, und wartete darauf, dass George weitererzählte.

„John hat irgendwie ... telepathisch mit mir gesprochen", sagte George. „Ich glaube nicht, dass er irgendetwas gesagt hat, das meine Trommelfelle erreicht hat, aber er hat auf jeden Fall mit mir kommuniziert. Er erzählte mir, dass es einen wichtigen Grund in Gottes Plan gebe, warum er gestorben sei. Ich könnte das nicht begreifen, weil es für einen Menschen in dieser Welt viel zu kompliziert sei, aber er sei in die Ewigkeit gerufen worden, weil er dort eine bestimmte Rolle zu übernehmen hatte. John sagte mir, dass man ihm das ungewöhnliche Privileg gewährt habe, noch einmal zurückzukommen und mit uns zu reden, bevor er ‚hinüberging'. Das waren seine Worte! Und er meinte, dass er nun ein bestimmtes Gebiet überqueren müsse, um auf die andere Seite zu gelangen."

Ich hörte George genau zu und beobachtete sein Gesicht. Ich fragte mich, ob er vielleicht unter irgendwelchen Beruhigungsmitteln gestanden oder sich eine Geschichte zurechtgelegt hatte, die ihm Trost spendete, doch ich fand nicht den geringsten Anflug von Wahn oder Selbsttäuschung in seinem Gesicht. George weinte nicht, und er wirkte auch nicht verzweifelt. Er hatte seine Geschichte so sachlich erzählt, als ob er mir die Nachrichten aus der Morgenzeitung mitteilte.

So ruhig, als erzählte er, wie der Junge vom Fußballtraining nach Hause kam, schilderte er Johns weitere Worte: „Er sagte: ‚Ich habe einen neuen Freund, der mir hilft, auf die andere Seite zu kommen'", hatte John seinem Vater noch erzählt, als er am Fußende seines Betts stand. „Du kennst ihn nicht, aber George Morgan ist im letzten Jahr in Oklahoma City gestorben. Er hilft Menschen wie mir, auf die andere Seite zu kommen. Mach dir keine Sorgen, Papa. Mir geht es gut."

Und damit ließ John Faulk seine Familie und die Welt hinter sich. Er war so plötzlich wieder aus dem Raum verschwunden, wie er gekommen war. George Faulk recherchierte später Johns Geschichte und fand heraus, dass im Jahr zuvor tatsächlich ein junger Mann namens George Morgan in Oklahoma City gestorben war.

Zuspruch und Trost

George Faulk war lange Jahre Pastor gewesen, als John starb, und natürlich glaubte er an den Himmel und Gott, hatte bei vielen Beerdigungen gepredigt und die biblischen Verheißungen hochgehalten. Doch der Tod eines Kindes ist das Schlimmste, was einem Menschen passieren kann. Alles, was George jemals von der Kanzel verkündet hatte, wurde durch den unerwarteten Tod seines geliebten Sohns infrage gestellt. Woran würde er sich jetzt festhalten? Was gab ihm bleibende Zuversicht im Hinblick auf das Schicksal seines Kindes?

Als John zurückkam, um seinem Vater mitzuteilen, dass es für alles, was geschah, einen Plan gab, fand George großen Trost in dem Wissen, dass Johns Tod nicht nur eine Laune des Schicksals war, sondern ein Faden in einem von Gott gewirkten Teppich, der sich über das Morgen hinauserstreckte. Selbst jetzt noch konnte George diesem Gott vertrauen. Zwar war Gottes Handeln schmerzhaft, doch es hatte einen Sinn. John hatte zurückkommen dürfen, um seinem Vater und seiner Mutter zu versichern, dass sie nicht zu trauern und sich keine Sorgen zu machen brauchten, weil Gott alles in seiner Hand hielt. An diese Verheißung konnten sich Johns Eltern klammern.

Ein Jahr später wurde ihr Vertrauen auf die denkbar härteste Probe gestellt. Beim Seilklettern in der Schule erlitt der andere Sohn der Faulks, Colby, mitten in der Sporthalle ebenfalls einen Herzanfall und starb. Wieder einmal ging die Geschichte von diesem schrecklichen Verlust durch die Nachbarschaft. Jeder dachte, dass die Familie Faulk so Schweres erlebt hatte, dass es nicht zu ertragen war. Wie konnte jemand unter diesen Umständen noch durchhalten? Die Faulks aber hielten nicht nur durch, sondern riefen in Oklahoma eine Gruppe ins Leben, die *Compassionate Friends* („Mitfühlende Freunde"). Alle Mitglieder dieser ungewöhnlichen Gruppe haben Kinder verloren und unterstützen sich gegenseitig so, wie es nur Menschen können, die selbst einen solchen Verlust erlebt haben. Einige Male habe ich vor dieser Gruppe gesprochen. Jeder dieser Besuche erinnert mich an Colby und John und das, was uns ihr Tod sagen will – dass Gott hinter all den Tragödien des Lebens seinen Plan weiterverfolgt.

Weil der Tod in unserer Gesellschaft so ein Tabuthema ist, fragen wir nur selten danach, was Sterbende uns für eine Botschaft vermitteln könnten. Die Vorstellung, dass ein Mensch, der dem Tod nahe ist, uns etwas lehren könnte, scheint verwegen, und doch gibt es überall Hinweise darauf. Ob sie sich ihrer pädagogischen Rolle nun bewusst sind oder nicht, die Sterbenden können uns helfen, uns besser auf den unausweichlichen Augenblick vorzubereiten, der jedem von uns irgendwann bevorsteht.

Haben Sie bemerkt, dass in der Geschichte von George und John die Rollen vertauscht waren? Wie im Fall der kleinen Alicia legte der „Übergangs-John" eine für sein Alter viel zu große Reife an den Tag. Kinder, die an der Schwelle standen, schienen plötzlich viel weiser geworden zu sein. Sie hinterlassen ihre außergewöhnlichen Entdeckungen jedem Menschen, der bereit ist, darauf zu achten.

Ähnlichkeiten untersuchen

Die Geschichten verbindet noch eine weitere bemerkenswerte Tatsache: Wenn die Betreffenden halluziniert haben sollten, dann äußerte sich ihr Wahn *auf die immer gleiche Weise*, und die Wahrscheinlichkeit dafür ist sehr niedrig. Ich habe mit Menschen gearbeitet, die mit Alkoholismus und Drogensucht zu kämpfen hatten, und daher kenne ich die Art von Bildern und Visionen ganz gut, die in solchen Fällen auftreten. Menschen auf einem Drogentrip sehen oft seltsame Bilder, doch sie ähneln sich nur selten in Form oder Inhalt. Auch wenn Menschen krank sind und im Fieberdelirium liegen, *unterscheiden sich ihre Halluzinationen erheblich*. Die Bilder, die Sterbende vor sich sehen, *ähneln sich bemerkenswert*. Das sollte uns zu denken geben. Schauen wir uns diese Ähnlichkeiten einmal näher an.

Zwar können sich Situation oder Schauplatz zunächst unterscheiden, wenn die Betreffenden ihre Erfahrungen schildern, doch es gibt auch Züge, die auffallend übereinstimmen. Manche Menschen finden sich in einem Zimmer wieder oder werden von einer Gruppe verstorbener Freunde begrüßt, während andere von Licht umgeben sind oder vor einem leuchtenden Tor stehen. Als Dr. Raymond Moody für sein Buch *Leben nach dem Tod* recherchierte, identifizierte er 15 Eigenschaften, die die Erlebnisse seiner Patienten gemeinsam hatten, auch wenn Situation und Schauplatz jeweils einzigartig waren. Zwei Jahre und viele Recherchen später fügte Moody noch einmal vier Komponenten hinzu, von denen uns einige nach den bisher besprochenen Beispielen sicher bekannt vorkommen. Zu den von ihm gefundenen Ergebnissen zählen unter anderem die folgenden gemeinsamen Erfahrungen:

▷ Einen langen, düsteren Tunnel sehen
▷ In ein Licht oder darauf zugehen
▷ Außerkörperliche Erfahrungen
▷ Begegnung mit Geistwesen, zum Beispiel Engeln
▷ Sein Leben noch einmal vor sich ablaufen sehen
▷ Eine Stadt im Licht oder aber einen Ort sehen, an dem furchtsame und verwirrte Geister hausen
▷ Eine Welt finden, in der alles Wissen wohnt
▷ Erfahren, dass man die Angst vor dem Tod verliert
▷ Informationen erhalten, warum der Betroffene wieder zurückkehrt
▷ Rückkehr in den Körper

Nun kommt sicher nicht in jedem Nahtoderlebnis ein Tunnel vor, doch es scheint allgemein so zu sein, dass „Wanderer zwischen den Welten" dort stets jemandem begegnen, den sie von früher kennen, oder das Gefühl haben, in seiner Gegenwart zu sein. Fast immer werden ihnen Informationen übermittelt, darunter auch eine Erklärung, warum der Betroffene in sein altes Leben zurückkehrt, wenn er denn die Schwelle nicht überqueren wird. Und wenn er zurückkommt, dann oft mit einer dramatisch veränderten Perspektive.

Im letzten Kapitel haben wir einige ähnlich gelagerte

Forschungsarbeiten betrachtet, doch lassen Sie uns noch einmal auf Moodys Beobachtungen eingehen. Diese oben erwähnten Erfahrungen wurden von einer großen Gruppe von unterschiedlichen Menschen gemacht und treten mit einer fast unheimlichen Vorhersagbarkeit auf, in krassem Gegensatz zu dem, was Menschen bei hohem Fieber, Sauerstoffmangel, Drogeneinnahme oder eingebildeten Fantasien sehen. Die schlichte Tatsache, dass es diese Ähnlichkeiten gibt, reicht aus, um die grundlegenden medizinischen Schlussfolgerungen infrage zu stellen.

Eine wichtige Lehre

Am 20. Dezember 2005 präsentierte Barbara Walters auf dem US-amerikanischen Fernsehsender ABC eine Sendung mit dem Titel *Where is Heaven?* („Wo ist der Himmel?"). Diese einstündige Reportage beschäftigte sich mit dem Leben nach dem Tod und der Frage, wie es aussehen könnte. Sie begann mit der Bemerkung, dass 90 Prozent der US-Amerikaner an den Himmel glauben. Das bedeutet, dass 9 von 10 Amerikanern die feste Überzeugung hegen, dass es ein Leben nach dem Tod gibt, und dass sie sich wünschen, mit dabei zu sein.

Im Lauf der Dokumentation ging Walters verschiedenen Vorstellungen über den Himmel nach und untersuchte auch eine Reihe von Nahtoderfahrungen. Dabei entdeckte sie, dass solche Erlebnisse die Art und Weise veränderten, wie die Betroffenen sich selbst und den Tod wahrnahmen. Kritische Standpunkte begannen sich aufzulösen. Obwohl Barbara Walters bemüht war, eine neutrale Position einzunehmen, schien sie der Ansicht zuzuneigen, dass diese Nahtoderfahrungen real waren.

Der faszinierende Hauptpunkt allerdings wurde erst gegen Ende der Sendung deutlich: Die Aussage der Dokumentation lautete: *Mit dem Tod ist nicht alles zu Ende, sondern verändert sich nur.* Im Himmel werden Liebe, Friede und Glück greifbar, und wir können sie sehen. Diese Deutung klingt einleuchtend und wahr, wenn wir an John Faulks Rückkehr denken: *John starb, doch er hörte nicht auf zu existieren, sondern veränderte sich nur* (siehe 1. Korinther 15,51-52).

Vielleicht ist das noch eine weitere Lehre, die wir mit nach Hause nehmen sollten. Ist das eine christliche Vorstellung? Darauf können Sie wetten!

Kapitel 11

Die Bilder verstehen

Hin und wieder liest man einen guten Krimi, in dem die Handlung eine entscheidende Wendung nimmt, wenn jemand beim Betrachten einer Fotografie unerwartet auf die richtige Spur kommt. Das Bild war die ganze Zeit da, doch plötzlich entdeckt der mit dem Fall Betraute einen überraschenden Hinweis, der den Bösewicht aufdeckt. Eine leicht veränderte Perspektive, und der Fall ergibt auf einmal Sinn. Wir könnten es auch so sagen: *Die Wahrnehmung kann verändern, was wir in einem Bild sehen.*

Jeder hat schon einmal Täuschungsbilder gesehen wie zum Beispiel einen Schwarz-Weiß-Druck, in dem man entweder eine Vase oder zwei Gesichter erkennt, die sich anschauen. In anderen Bildern bilden die Schatten zunächst eine abstrakte Form, doch wenn man lange genug hinschaut, entdeckt man menschliche Gesichtszüge. Der springende Punkt ist, dass man sich ein Bild anschauen und etwas Entscheidendes übersehen kann, das von wesentlicher Bedeutung ist. *Wieder geht es um Wahrnehmung*, wie man nämlich das Bild betrachtet.

Ich habe bemerkt, dass viele Menschen Einzelheiten nicht beachten, wenn ein Freund oder geliebter Mensch stirbt. Sie beobachten nicht genau und hören nicht aufmerksam zu. Und dann ist der Sterbeprozess plötzlich abgeschlossen. Die Beerdigungsvorbereitungen nehmen sie so in Beschlag, dass sie ungewöhnliche Details oder kleine Erlebnisse ganz vergessen. Oft müssen wir bewusst zurückgehen und uns die „Bilder" noch einmal anschauen.

Hier ist ein Bild, das es sich lohnt, im Gedächtnis zu behalten.

Darf ich bekannt machen: Von Owen

Von Owen war der Vater eines meiner besten Freunde, meines Kollegen Michael Owen. Jahrelang arbeiteten wir in der *Communion of Evangelical Episcopal Churches* („Gemeinschaft evangelikal-episkopaler Kirchen", CEEC) zusammen. Selten habe ich eine so enge Beziehung zwischen Vater und Sohn erlebt wie die zwischen Von und Michael Owen. Mikes Eltern Von und Judy waren ganz besondere Menschen. Weil Michael und ich bei der Gründung neuer Gemeinden und auch bei der Klärung konfessioneller Fragen so eng zusammenarbeiteten, sah ich Von recht oft. Schon längere Zeit vor seinem Tod litt Von unter einer Reihe von gesundheitlichen Problemen. Viele, viele Menschen beteten inständig um seine Genesung. Dennoch verschlechterte sich Vons Zustand immer mehr, und wir machten uns große Sorgen.

Ein Jahr vor seinem Tod vertraute Von Michael an, dass er wusste, er würde bald sterben. Zwar erklärte er nie, woher er das wusste, doch Von schien sich friedlich in sein Schicksal ergeben zu haben. Er war interessiert daran, was in der Welt passierte, las gern die Zeitung und zappte sich durch die Fernsehkanäle, um die neuesten Nachrichten zu hören. In seinen letzten Lebenswochen allerdings hörte Von auf, Zeitung zu lesen und die Fernsehnachrichten zu schauen. Ohne großes Tamtam glitt Von in eine stille Erwartungshaltung hinüber und wartete auf das Ende. Schließlich entschloss sich Mike, seinen Vater zu fragen, was mit ihm vor sich ging.

Von dachte sorgfältig über die Frage nach und erklärte dann, dass sich in ihm etwas veränderte, während er auf den Tod zuging, und dass sein ganzes Interesse jetzt mehr nach innen als nach außen gerichtet sei. Das Tagesgeschehen interessierte ihn nicht mehr. Er konnte nicht genau erklären, was mit ihm geschah, glaubte jedoch, dass ihn der Heilige Geist auf das ewige Leben vorbereitete. Die Welt dort draußen spielte keine Rolle mehr, als er spürte, wie er sich immer mehr auf sein Innenleben konzentrierte.

Als Mike mir diese Geschichte erzählte, erinnerte mich das an viele Menschen, die ich einen ähnlichen Prozess habe durchmachen sehen, wenn sich ihr Sterben über längere Zeit hinzog. Das Phänomen trat nicht nur bei Von auf. Ich habe manchmal gesehen, dass Sterbende nicht mal mehr mit ihren Enkeln sprachen, weil sie so nach innen gerichtet waren. In Kapitel 2 schilderte ich die Geschichte von Nathalee, einer lieben Freundin, die sich auf den Tod vorbereitete. Als ich sie in ihrer letzten Lebenswoche im Krankenhaus besuchte, öffnete Nat immer mal wieder ein Auge und blickte mich an, als ob ich etwas Wichtiges unterbräche, das sich in ihr abspielte. Sie wollte nicht gestört werden und war ganz auf eine andere Welt ausgerichtet. Genauso hatte sich Vons Perspektive verschoben.

Von sprach über diese Verschiebung in seinem Innenleben wie über den Wechsel der Jahreszeiten, wenn der Winter dem Frühling weicht. Der Betreffende weiß, dass seine Zeit auf der Erde sich ihrem Ende zuneigt, und dann prüft er sich selbst und nimmt alle Facetten seines Lebens unter die Lupe. Von beschrieb es so, dass dies eine Zeit sei, in der er mehr betete als je zuvor und zum Beispiel ausgiebig mit Gott über alle Menschen sprach, die ihm etwas bedeuteten, und sie ihm anbefahl.

Als Vons Krankheit schon weit fortgeschritten war, kam Mike eines Nachmittags vorbei, um ihn zu besuchen. Hinter Vons Lehnstuhl war eine Schiebetür aus Glas, die zum Garten hinter dem Haus führte. Von erklärte seinem Sohn, dass sich seine Welt drastisch verändert habe und der Unterschied damit zu vergleichen sei, wie wenn man sich einmal im Haus selbst befinde und ein anderes Mal von außen hineinsehe. Während Von sich noch in unserer Welt befand, konnte er die geistige Welt „dort draußen" sehen, und das immer klarer. Der Himmel war nicht mehr etwas, an das er einfach nur theoretisch glaubte; er war in seinem Leben zu einer überwältigenden Realität geworden. Während sein Körper immer schwächer wurde, wuchs dieses „andere" Reich an Kraft. Von sagte, dass er bereits spüren konnte, dass ihm längst verstorbene Verwandte wie sein Vater, seine Mutter und sein älterer Bruder jetzt ganz nahe waren und durch das Glas zu ihm hineinschauten. Es war fast so, als ob unsere Welt vor dem Hintergrund der anderen, die er bald betreten sollte, verblasste.

In Kontakt mit Menschen zu stehen, die vor ihm gegangen waren, hatte für Von Owen eine tiefe Bedeutung bekommen. Er hatte sein Leben als Christ in einer evangelikalen Gemeinde begonnen, war dann aber seinem Sohn gefolgt, als dieser eine neue Dimension der Kirche für sich entdeckte, in der die Sakramente sehr stark be-

tont wurden. Das Herzstück unserer Sonntagsgottes-
dienste ist das heilige Abendmahl, wo die Teilnehmer
nach vorne kommen, sich hinknien und Brot und Wein
aus der Hand des Pastors entgegennehmen.

Der Wechsel von einem evangelikalen Umfeld zu
einem eher liturgischen Anbetungsstil würde manchen
Menschen schwer zu schaffen machen. Nicht so Von. Er
genoss jeden Augenblick dieser Gottesdienste. Eines
Sonntags war das heilige Abendmahl für Von eine besonders tief gehende geistliche Erfahrung, und er wurde
während der Wandlung besonders von den Worten bewegt: „Darum preisen wir dich, erheben unsere Stimme
mit den Engeln und Erzengeln und dem ganzen Heer
des Himmels ..." Wenn in jedem Gottesdienst das Glaubensbekenntnis gesprochen wurde, bekräftigte er, dass er
„an die Gemeinschaft der Heiligen" glaubte, eine andauernde Beziehung, die jeder Gläubige mit denen hat,
die ebenfalls zu Gottes Familie gehören. Zwar leiern wir
diese Worte des Glaubensbekenntnisses oft so herunter,
doch Von entdeckte, dass sie eigentlich auch eine Begegnung im Himmel mit der großen Schar der Gläubigen
verhießen, die in vergangenen Jahrhunderten gestorben
waren. Im Lauf der Zeit wuchs in Von das tiefe Verlangen, diesen Heiligen zu begegnen und sie kennenzulernen, wenn er gestorben war.

Als sein Tod näher kam, wuchs Vons Wunsch, durch
diese Trennwand hindurchzugreifen, die für ihn wie die
Glastür in seinem Schlafzimmer geworden war. Die
Scheibe schien stetig dünner zu werden, und es kam ihm
so vor, als warteten die auf der anderen Seite nur darauf,
dass er endlich hindurchsteigen konnte. Er lebte bereits
ganz in einer anderen Wirklichkeit, und obwohl er noch

auf dieser Erde war, wusste er, dass der Himmel unmittelbar vor ihm lag.

Während Von immer stiller wurde, veränderte er sich tief greifend bis ins innerste Wesen. Ein entfernter Verwandter hätte möglicherweise nicht gemerkt, wie drastisch Von sich wandelte. Vons Sohn Mike jedoch war in der Lage, die tiefe Veränderung zu erkennen, indem er auf Details achtete, Fragen stellte und *die Perspektive änderte*, aus der er seinen Vater und dessen Erlebnisse sah.

Zu den letzten Worten, die Von in den Stunden vor seinem Tod sagte, gehörte der Satz: „Mama, bald werden wir uns wiedersehen."

Das Bild im großen Zusammenhang

Im Hinblick auf Vons Situation können wir noch mehr aus seinen Erlebnissen herauslesen. Mit dem Verfall seiner körperlichen Kräfte prägte sich seine Wahrnehmung der Ewigkeit immer schärfer aus. Er spürte immer mehr, dass der Himmel in Reichweite kam. Ich rede hier nicht davon, dass sein Glaube immer größer wurde, sondern dass seine absolute Gewissheit über etwas wuchs, von dem er *wusste*, dass es existierte. Zwar besitzen viele Menschen kein solch unmittelbares Bewusstsein dafür, doch es ist ein gemeinsames Element der Nahtoderfahrungen vieler Leute, dass sie diese andere Dimension sehen, spüren oder auf andere Weise erleben.

Die Geschichte von Ron Wooten Green liefert uns ein weiteres konkretes Beispiel, aus dem wir wichtige Einsichten gewinnen können. Green war Universitätsprofessor und römisch-katholischer Laienprediger und arbeitete darüber hinaus als Hospizkaplan mit Sterbenden. Sein ausgezeichnetes Buch *When the Dying Speak* („Wenn die Toten sprechen") beginnt mit der Geschichte seiner 51-jährigen Frau Dawn kurz vor ihrem Tod. Eines Abends war sie sehr aufgeregt und erklärte Ron, dass sie nicht wusste, wie sie von ihrem Schlafzimmer in den Himmel gelangen sollte, wenn sie starb.

Am nächsten Tag kam Ron mittags nach Hause und fand Dawn im Bett sitzend, ein Lächeln auf ihren Lippen. Ron nahm an, dass eines ihrer Kinder angerufen hatte.

„Oh, Ron. Diese Leute, die sich hier immer aufhalten, haben mir eine Fahrkarte gegeben und mich eingeladen mitzukommen!"[16]

Ron schreibt, dass er sie nicht zu fragen brauchte, von welchen Leuten sie sprach und wohin sie fuhren. Er erfasste die Situation gut genug, um zu wissen, dass der Bus Richtung Himmel fuhr.

Wie auch bei Von Owen nahm Dawn Green die andere Seite mit geschärften Sinnen wahr. Die Begegnung hatte für sie ein Problem geklärt, sodass sie nun ohne Furcht oder Verwirrung auf das Ende ihres Lebens zugehen konnte. Sie hatte die Route zum Himmel gesehen, bevor sie die Linie überquerte.

Lassen Sie uns noch ein weiteres Bild betrachten.

Ein anderer lieber Freund von uns ist unser Finanzberater Adrian Grout, ein Mann, der Margueritte und mir dabei half, uns auf die Zeit des Ruhestands vorzubereiten. Adrian ist nicht nur ein Finanzexperte, sondern arbeitete früher auch in unserer Gemeinde mit. Ich vertraue ihm und schätze seinen Rat. Sein Vater, Adrian

Grout senior, war 50 Jahre lang Pastor in derselben methodistischen Gemeinde gewesen, und in seiner Zeit war die Gemeinde beträchtlich gewachsen. Er war der Nachfolger von O.L. Ruth, der seinerseits 32 Jahre dort Pastor gewesen war.

Als Adrian Grout seniors Leben sich dem Ende zuneigte, wurde er zusehends schwächer. Als schließlich der Tod nahte, war nur seine Frau Mable bei ihm. Adrian hatte die Augen geschlossen, und seine Gesichtszüge nahmen den charakteristischen Ausdruck eines Sterbenden an.

Plötzlich öffnete er die Augen und setzte sich im Bett auf. Sein Gesicht strahlte. „O.L.!", begrüßte Adrian seinen alten Freund. „O.L. Ruth! Wie schön, dich hier zu sehen!"

Danach schien Adrian mit seinen Eltern, Paul und Imma Grout, zu reden, die beide vor ihrem Tod Pastoren gewesen waren. „Mama und Papa!", rief Adrian aufgeregt. „Ihr seid hier. Wie wunderbar!"

Mable sagte nichts, ahnte aber, dass ihr Mann schon in die Ewigkeit blickte. Sie war sicher, dass sich vor ihren Augen etwas Reales abspielte.

Adrian hielt inne, hob die Arme und rief dann plötzlich aus: „Jesus!" In diesem Augenblick fiel er zurück aufs Bett und starb.

Die Wahrnehmung verändert sich

Zu Beginn dieses Kapitels wies ich darauf hin, dass unsere *Wahrnehmung* das verändert, was wir in einem Bild oder Ereignis sehen. Wichtige Hinweise können beim ersten Betrachten leicht übersehen werden. Mehr noch, das Wichtigste kommt uns oft ganz offensichtlich vor, wenn wir es erst einmal entdeckt haben, doch vorher entgeht uns oft die Bedeutung bestimmter Einzelheiten.

Lassen Sie uns einen zweiten Blick auf die Momentaufnahmen werfen, die uns Von, Dawn und Adrian geschenkt haben, sowie auch auf einige der anderen, von denen wir bisher gelesen haben. Welche gemeinsamen Züge sehen wir? Wenn wir die Bilder in unserem Fotoalbum genau betrachten, welche Einzelheiten vermitteln uns dann Wahrheiten, die wir uns zu Herzen nehmen sollten?

Zunächst einmal: Diese Schilderungen des Himmels sind konkret, nicht abstrakt. Die allgemeinen Vorstellungen vom Himmel bewegen sich vom glückseligen Nirwana bis hin zur antiken Vorstellung einer gigantischen protoplasmischen Substanz, die im Weltall treibt. Manche Leute glauben, dass wir wieder eins mit der Erde werden, wie ein Tropfen Wasser, der in den Ozean zurückkehrt. Keins der Bilder, die wir untersucht haben, passt zu diesen abstrakten Beschreibungen.

Es ist bemerkenswert, dass viele der Momentaufnahmen, von denen wir in diesem Buch gelesen haben, deutlich dieser Welt mit ihren Formen und Strukturen gleichen. Oft gibt es wiedererkennbare, fassbare Gefüge und Gebilde (wie das Tor).

Zweitens führen uns diese Bilder recht durchgängig vor Augen, dass es auf der anderen Seite eine andere Welt gibt. Zwar ändert sich das Umfeld von einer fassbaren, physischen Welt zu einer geistigen, doch es ist eine Welt, in der sich die Form der menschlichen Existenz fortsetzt.

Wie genau das geschieht, entzieht sich sicherlich unserer Vorstellungskraft, doch trotzdem ergibt es für uns einen Sinn; es fühlt sich einfach richtig an, weil der Himmel ein Analog zu unserer Welt darstellt. Wir begreifen manche Unterschiede und bestimmte Dimensionen des Himmels nicht, doch die Hinweise, die uns diese Bilder liefern, stimmen großenteils mit den Erfahrungen überein, die wir in dieser Welt gesammelt haben.

Viele Nahtoderlebnisse sagen uns, dass „in den Himmel zu kommen" so einfach ist wie über eine Schwelle zu treten, einen Bus zu besteigen oder eine Tür zu öffnen. Die Sterbenden strecken ihre Hand aus, um Leute zu umarmen, die sie früher kannten, oder sie bekommen eine Freifahrkarte, und dann sind sie von uns gegangen. Wir wiederum können auf diese Geschichten hören, und sie ergeben für uns einen Sinn, weil das, was dort geschieht, mit unseren Erfahrungen in dieser Welt zusammenpasst.

Es ist interessant festzuhalten, dass Menschen, die sich selbst als Agnostiker oder Atheisten betrachten, nach einer Nahtoderfahrung oft ihre Meinung ändern. Sie haben die andere Seite gesehen und wissen, dass ihre zuvor gehegten Zweifel und ihre Ablehnung Gottes nicht mehr zu dem passen, was sie selbst erlebt haben. Sie haben eine Welt gesehen, die ihre freidenkerische Haltung irrelevant erscheinen lässt. Warum? Weil die Zeit, die sie jetzt in dieser Welt verbringen, dafür sorgt, dass ihre Begegnung mit der Ewigkeit Sinn macht.

Drittens sehen wir immer wieder, dass der Himmel voller Menschen ist. Das galt für Von, Dawn und Adrian, die von alten Freunden, geliebten Menschen und in

Adrians Fall sogar von Jesus Christus selbst begrüßt wurden. Soweit wir sagen können, sah jeder von ihnen die Menschen, die ihm besonders am Herzen lagen. Von freute sich sogar darauf, anderen Christen aus vergangenen Zeiten zu begegnen.

Diese Dimension sagt uns, dass Beziehungen auch nach dem Tod noch wichtig sind und dass sie fortdauern. Wenn das Glaubensbekenntnis von Nizäa bekräftigt, dass wir an die „Gemeinschaft der Heiligen" glauben, wird damit auch bestätigt, dass Liebe, die wir einmal in dieser Welt empfangen und gegeben haben, auch in der nächsten fortdauert. Wie wir mit Menschen umgegangen sind, um Vergebung gebeten haben, versucht haben, zerbrochene Beziehungen zu heilen und anderen Menschen Beistand zu leisten, hat Konsequenzen für die Ewigkeit. Der Himmel sagt uns, genau wie die Bibel, dass wir das Wohlergehen der Menschen um uns herum sehr ernst nehmen müssen.

Zum Schluss

In meiner Studentenzeit vertrat das College, auf das ich ging, eine sehr eigenartige Meinung, die in den Philosophiekursen zum Ausdruck kam. Die Professoren lehrten, dass Glaube auf Überzeugung, nicht auf Tatsachen beruht. Sie wiesen jede Art von handfestem Beweis für den Glauben zurück, weil er ihnen verdächtig vorkam. Ein Professor sagte, dass es „niemand wissen kann". Die Vorstellung, dass die Auferstehung Jesu wirklich und wahrhaftig geschehen sei, wurde zurückgewiesen, weil dies zu fassbar und handfest war. Glaube sollte immer als Vermutung oder Für-wahr-Halten begriffen werden, und Tatsachen waren verboten.

Meine Erfahrungen mit Sterbenden und Menschen, die nach einer Nahtoderfahrung wieder ins Leben zurückgekehrt sind, stellen diese Vorstellung infrage. Diese Momentaufnahmen bieten uns anekdotenhafte Hinweise einer anderen Art. Während Glaube natürlich eine Sache der Überzeugung ist, bekommen wir hier Eindrücke von der anderen Seite, die konkret und fassbar sind. Wie man in Hebräer 12,1 lesen kann, spornen uns „alle diese Zeugen, die uns wie eine Wolke umgeben", an, und sie zeugen von einer Realität, die größer ist, als sich ein Mensch vorstellen kann.

Bis hierher haben wir vier Tatsachen herausgefunden:

1. Wir hören nach dem Tod nicht auf zu existieren, sondern verändern uns nur.
2. Der Himmel existiert.
3. Der Himmel ist ein konkreter Ort, keine Abstraktion.
4. Der Himmel ist voller Menschen.

Das sind schon einige sehr greifbare Fakten, nicht wahr?

Kapitel 12

Die sieben letzten Schritte

Die Krankenschwester Patricia Ackerson hat eine Begabung dafür, Sterbenden zu helfen, und sie begleitete viele, viele Menschen, wenn sie die Linie überschritten. Über 40 Jahre lang hat sie Schwerkranke gepflegt und Sterbenden beigestanden. Sie ist ein tiefgläubiger Mensch und mit einem Pastor verheiratet. Im Lauf ihres Arbeitslebens ist sie die amerikanische Ostküste auf und ab gezogen, und sie hat mit vielen Menschen gearbeitet und immer sehr offen von ihrem Glauben erzählt.

Als sie bei der Kriegsveteranenbehörde in Washington, D.C., angestellt war, arbeitete sie in der Abteilung für infektiöse Krankheiten. All ihre Patienten waren mit dem HIV-Virus infiziert und starben schließlich auch daran. Die Arbeit war anspruchsvoll und hätte jeden emotional belastet. Trotzdem hörte Patricia nicht auf, ihre Runde zu machen und während ihrer letzten Lebensstunden für ihre Patienten da zu sein.

Eines Nachmittags betrat Patricia das Krankenzimmer von André, einem Mann, der im Sterben lag und sich selbst als *Black Muslim* bezeichnete (eine Bewegung unter Afroamerikanern, die zum Islam übergetreten sind; Anm. d. Hrsg.). Patricia war sicher, dass André nicht mehr viel Zeit blieb und er vermutlich innerhalb der nächsten Stunde sterben würde. André lag auf dem Krankenhausbett und bewegte die Beine, als ob er liefe, obwohl er seit Monaten nicht mehr aufgestanden war. AIDS-Patienten bekommen häufig Sarkome, die dann Tumore im Gewebe, zum Beispiel in Knorpeln, Fett oder Muskeln, bilden. André hatte einige dieser Tumore, die sein Bein überdimensional hatten anschwellen lassen.

Patricia setzte sich hin und beobachtete André eine Minute lang, bevor sie fragte: „Wo gehen Sie denn hin?"

„Ich muss den Bus kriegen", erwiderte André. Seine Beinbewegungen wurden schneller, dann hielt er inne und döste ein.

Andrés Geburtsname war eigentlich Keith. Wie so viele seiner Freunde bezeichnete er sich als Moslem, obwohl dieses Etikett weniger mit ihren religiösen Überzeugungen als vielmehr mit ihrer kulturellen Identität als Afroamerikaner zu tun hatte. Das galt auch für Keith beziehungsweise André, wie er sich jetzt nannte.

Als André von seinem Schläfchen erwachte, hatte Patricia bereits seine Vitalzeichen überprüft und wusste, dass seine Lebenszeit fast abgelaufen war. Sie beugte sich hinüber und fragte: „Wissen Sie etwas über Jesus Christus? Kennen Sie ihn als Ihren Retter?"

„Oh ja, Ma'am", sagte André. „Das tue ich." Dann schlief er wieder ein.

Als André erwachte, wedelte er mit den Armen, als ob er flöge. „Ich muss Jesus treffen", flüsterte er Patricia zu.

Die Krankenschwester beugte sich über das Bett und meinte: „André, Sie können jederzeit gehen."

Der junge Mann sah auf, lächelte und schöpfte vielleicht noch zweimal Atem. Dann schloss er die Augen und starb.

André mag sich nicht als Christ bezeichnet haben, doch als es an der Zeit war, den „Fluss zu überqueren", wusste er offenbar, dass Jesus Christus der Weg auf die andere Seite war. Diese letzten Augenblicke können viele Formen annehmen, doch in diesem Fall beobachtete Patricia Friede, Freude und Erleichterung. Sie spürte, dass etwas äußerst Wichtiges mit Patienten wie André geschah, wenn sie mit Frieden erfüllt aus diesem Leben schieden.

Die sieben letzten Schritte

Patricia Ackersons Erfahrungen, wie zum Beispiel die Geschichte von André, decken sich mit denen von Cindi Pursely und vielen anderen. Und das lässt mich aufhorchen: *Es gibt auffallende Ähnlichkeiten.* Als ich diese Gemeinsamkeiten untersuchte, fand ich heraus, dass sie im Grunde die biblische Lehre genau widerspiegeln.

Die Erfahrungen, die Sterbende gemacht haben, sowie die Geschichten, die ich persönlich miterlebt habe, oder die der Leute, die ich interviewt habe, sowie die veröffentlichten Forschungsarbeiten vieler Ärzte und Professoren, die wir betrachtet haben, deuten sieben Dinge an, mit denen wir auf der anderen Seite wahrscheinlich konfrontiert werden.

1. Wir werden Menschen aus unserer Vergangenheit begegnen, die wichtig für uns waren

In den Begegnungen, die ich beobachtet habe, berichten Menschen, die eine Nahtoderfahrung überlebt haben, dass sie einen Verstorbenen getroffen haben, den sie früher kannten. Wie Don Piper, der seinen Großvater und einen Schulfreund, der bei einem Autounfall gestorben war, wieder traf, können auch wir uns darauf freuen, dass uns ein geliebter Mensch mit ausgestreckten Händen willkommen heißen wird. Manchmal kann es sich auch um Personen handeln, die wir gar nicht so gut kannten, die uns aber dennoch geliebt haben.

Während einer Operation am offenen Herzen fand sich Lynn plötzlich in einer Nahtodsituation wieder. Ein Mann, der sich als ihr Onkel bezeichnete, erwartete sie auf der anderen Seite. Lynn hatte keine Ahnung, dass sie überhaupt einen Onkel gehabt hatte, und war überrascht, ihn in einer Uniform zu sehen, in Begleitung einer weiteren Person. Dieser ihr unbekannte Verwandte und sein junger Begleiter sprachen ihr Mut zu. Lynns Onkel erzählte ihr, dass das Kind, das er bei sich hatte, seines war. Er teilte ihr mit, dass mit ihnen alles in Ordnung war. Als Lynn wieder aufwachte, erinnerte sie sich an alle Einzelheiten und war überrascht, dass sie von diesen Verwandten noch nie gehört hatte. Sobald sie sich erholt hatte, sprach sie mit ihrer Familie darüber.

Als Lynn ihre Angehörigen zu dem Onkel befragte, schwiegen sie betroffen. Der Onkel war im Zweiten Weltkrieg gefallen, und die Familie hatte seine Existenz aus irgendwelchen ominösen Gründen komplett geheim gehalten. Es gab keine Dokumente, die bestätigten, dass er mit ihrer Tante verheiratet gewesen war, die eine Fehlgeburt erlitten hatte. Allein den Namen dieses Onkels auszusprechen war verboten gewesen. Die Familie war schockiert, all sie Lynns genaue und detaillierte Beschreibung des Mannes hörte, an den sie doch eigentlich jede Erinnerung auslöschen wollten. Der jetzige Ehemann der Tante (der immer behauptet hatte, er sei ihr einziger

Mann gewesen) wechselte nie wieder ein Wort mit Lynn. Lynn war einem Menschen aus ihrer Vergangenheit begegnet, der sie begrüßte, obwohl sie von der Existenz dieses Mannes nichts gewusst hatte.

2. Sterbende begegnen niemandem, der noch am Leben ist

Niemand erwähnte in all unseren untersuchten Fällen jemals, dass er einer noch lebenden Person begegnet ist. Bei den Menschen auf der anderen Seite handelt es sich immer um Verstorbene. Das gilt für alle Fälle, die ich selbst beobachtet oder von denen ich in Gesprächen erfahren habe. Menschen, die diese Phänomene untersuchen, haben herausgefunden, dass dies allgemeingültig ist.

Dass dieses Muster vorhersagbar ist, nimmt diesen Erfahrungen den Geschmack des Wahnhaften. Halluzinationen können im Gegensatz dazu viele verschiedene Formen annehmen, und oft glauben die Betroffenen, einen noch lebenden Menschen vor sich zu sehen, der in Wirklichkeit jedoch nicht da ist. Dieser Unterschied verleiht den Nahtoderfahrungen eine besondere Bedeutung.

3. Die Sterbenden verstehen, warum ihnen die bereits Verstorbenen begegnen

Wenn der Sterbende eine außerkörperliche Erfahrung hat, kann man seine Bewegungen oft als ein „Treiben" oder „Schweben" charakterisieren. Sie bewegen sich wie Wolken – als würden sie nicht von Muskelkraft, sondern von Gedanken angetrieben. Und dann begegnen sie einem oder mehreren Verstorbenen, die vor ihnen aus dieser Welt gegangen sind.

Don Piper begegnete nicht nur seinem Großvater und seinem Schulfreund Mike Wood, sondern traf auch seine indianische Großmutter, die aber dort nicht mehr aufgrund ihrer Osteoporose gebeugt gehen musste und auch ihre Altersrunzeln verloren hatte. Die Gegenwart dieser geliebten Menschen vermittelte ihm große Freude und Hoffnung. Als Pastor hatte Don viele Beerdigungen gehalten und den Angehörigen des Verstorbenen tröstende Worte darüber gesagt, dass er jetzt von allen körperlichen Qualen erlöst sei und unvorstellbare Freude im Himmel erleben würde. Und er hatte auch fest an diese Worte geglaubt. Die strahlenden Gesichter seiner Verwandten und Freunde, die er nun vor sich sah, gaben diesem Glauben aber eine ganz neue, viel tiefere Bedeutung und Realität. Diese Erfahrung wirkte nach, noch lange nachdem er wieder in diese Welt zurückgekehrt war.

Menschen, die längere Zeit in der Ewigkeit verbrachten, erreichten oft einen Punkt, an dem man ihnen mitteilte, dass sie die Wahl hätten, ob sie bleiben oder zurückgehen wollten. Normalerweise hatten sie das Gefühl, noch eine Aufgabe abschließen zu müssen. In der oben erwähnten Fernsehsendung *Where Is Heaven?* erzählte Barbara Walters die Geschichte einer Nahtoderfahrung der Schauspielerin Elizabeth Taylor. Nachdem sie aus dieser Welt geschieden war, wollte sie auf der anderen Seite bleiben, wurde jedoch zurückgeschickt, um etwas zu vollenden, das sie noch nicht geschafft hatte. Kurz nach ihrer Rückkehr rief Elizabeth Taylor eine

Kampagne ins Leben, um Spenden für die AIDS-Bekämpfung zu sammeln. Sie sagte, sie habe keine Angst mehr vor dem Sterben, wollte aber unbedingt noch das zu Ende bringen, was sie als ihren Auftrag ansah. Solch ein neues Lebensziel tritt recht häufig nach einem Nahtoderlebnis zutage, besonders natürlich dann, wenn der oder die Verstorbene, dem man auf der anderen Seite begegnet, einen Grund mitteilt, warum der Betreffende auf die Erde zurückkehren soll.

4. Menschen, die zurückkommen, können keine gute Beschreibung der Menschen liefern, denen sie begegnet sind, obwohl sie sie eindeutig erkannt haben

Wenn man bereits Verstorbene im Himmel trifft, scheint das eine Begegnung mit dem *Wesentlichen* einer Person zu sein. Der Beobachter hat eine außerkörperliche Erfahrung. Weil in unserer Welt das äußere Erscheinungsbild eines Menschen so überdimensional wichtig ist und Menschen zum Teil nur wegen ihres Aussehens berühmt werden, neigen wir dazu, bei Äußerlichkeiten stehen zu bleiben. Die säkulare Welt ist höchst oberflächlich und hält nur selten inne, um sich zu fragen, ob möglicherweise mehr an einem Menschen dran ist, als man sehen kann.

Was könnte das Wesentliche einer Person sein? Ich will Ihnen ein Beispiel geben, das ich am eigenen Leib erlebt habe. Als ich 25 war, sah ich beim Blick in den Spiegel einen Menschen, den ich sehr gut kannte: dunkler, dichter Bart, sonnengebräunte Haut, schwarzes Haar. Dieses Gesicht hätte ich überall wiedererkannt. Dann wurde ich 45, und irgendetwas stimmte mit diesem Spiegel nicht. Mein Gesicht wurde nicht richtig wiedergegeben: Mein Bart wurde allmählich grau, die Struktur meines Haars veränderte sich, meine Wangen hingen herunter. Mit 65 war dann alles verkehrt! Ich habe nun einen weißen Bart und graues Haar. Mein ganzes Gesicht ist nach unten gerutscht! Was war geschehen? Das Gesicht, das ich heute sehe, und das eigentliche Wesen von Robert Wise (wie ich es in meinem Gedächtnis abgespeichert habe) stimmen nicht überein. In Wahrheit ist es so, dass in meiner Erinnerung das Wesentliche festgehalten wird, ganz egal, wie sich mein Erscheinungsbild im Lauf der Zeit ändert.

Die Zeit mag unsere äußere Erscheinung verbessern oder verschlechtern, doch unser innerstes Wesen bleibt uns immer erhalten. Wir alle wissen, wer wir sind, auch wenn sich unser Erscheinungsbild radikal verändert. Sterbende scheinen dieser unveränderlichen Realität zu begegnen, wenn sie andere Menschen auf ihrer Reise nach dem Tod treffen. Wenn sie zurückkehren und schildern, was sie gesehen haben, klingt es oft eher wie ein Traum. Ich glaube, dass dies ein wichtiger Hinweis ist, dem wir noch weiter nachgehen werden.

5. Die Sterbenden müssen sich mit ihrer Vergangenheit auseinandersetzen, andernfalls wird ihnen das Sterben schwerfallen

Viele Menschen schließen die Augen und schweifen in ihre eigene Innenwelt ab, wenn es ans Sterben geht. Oft wollen sie nicht, dass Verwandte oder Freunde sie von der wichtigen Arbeit abhalten, die sie noch zu erledigen haben. Manchmal erzählen sie, dass sie den „Film" ihres Lebens vor ihrem inneren Auge ablaufen sehen. Selbst wenn sie zu schlafen scheinen, arbeiten sie hart daran, die Leichen aus ihrem Keller zu holen und ihr Leben in Ordnung zu bringen, bevor alles vorbei ist.

In Kapitel 3 haben wir Anteil an den letzten Augenblicken in Victor Parks Leben genommen. Seine Angehörigen glaubten, er sei bewusstlos, doch die Krankenschwester merkte bei einem Hausbesuch, dass seine Augen sich unten den geschlossenen Lidern bewegten. Victor erzählte ihr, dass er Filme aus seinem Leben noch einmal im Kopf abspiele und nicht wolle, dass ihn jemand dabei störte. Er konnte die Abspielgeschwindigkeit des Films etwas abbremsen, wenn der Inhalt unübersichtlich wurde und er bestimmte Fragen klären wollte. Bevor er starb, bewertete Victor Parks noch einmal sein ganzes Leben, und das machte ihm den Übergang sehr viel einfacher.

Menschen neigen dazu, so zu sterben, wie sie gelebt haben. Wer andere oft verurteilt hat, wird selbst einen Schuldspruch hören. Wer Sünden in seinem Leben nicht bekannt hat, wird erleben, wie die verborgenen Probleme an die Oberfläche drängen. Jeder muss den Müll aus seinem Schrank räumen, weil er ihm sonst am Ende des Lebens entgegenpurzelt, und das meist auf schmerzhafte Art und Weise. Solche Probleme sofort anzupacken ist sicherlich besser, als sich im Angesicht des Todes damit zu beschäftigen.

Das Hilfreichste, was Hospize und Krankenhausseelsorger tun können, ist es, Menschen dazu zu ermutigen, sich den unausgesprochenen Geheimnissen und losen Enden ihres Lebens zu stellen. Ray Wade, ein Seelsorger am *Preferred Hospice* in Oklahoma City, wurde ein im Sterben liegender Mann anvertraut, der als Kind misshandelt worden und in schwierigen Familienverhältnissen aufgewachsen war. Aus der Akte ließ sich schließen, dass Ray dem Mann besser möglichst lange aus dem Weg gehen sollte, weil er recht aggressiv werden konnte. Ray fand bald heraus, dass der Mann im Geschäftsleben unzählige Male andere übers Ohr gehauen hatte und mehrmals verheiratet gewesen und geschieden worden war. Außerdem wurde deutlich, dass der Vater ihn nicht nur misshandelt hatte, sondern ihm gegenüber auch nie so etwas wie Liebe ausgedrückt hatte, und dass ihn diese Ablehnung zutiefst verletzt hatte.

Als Ray das Krankenzimmer betrat, stand ein Stück Wassermelone auf einem Tisch neben dem Bett. Ray blickte auf den Teller.

„Das ist meine!", fuhr ihn der Mann an.

„Ich habe früher Wassermelonen gezüchtet", sagte Ray.

„Ich auch", entgegnete der Mann überrascht.

„Meine Lieblingssorte war Charleston Gray", fuhr Ray fort.

„Meine auch", erwiderte der Patient überrascht.

Mit diesem Wortwechsel hatte Ray das Eis gebrochen und konnte ein Gespräch über Themen führen, die wirklich zählten. Diesem folgten viele weitere. Ihre Beziehung vertiefte sich. Eines Nachmittags fragte Ray seinen Schützling, was er am meisten vermisste.

„Meine Frau", murmelte der Mann und brach in Tränen aus.

Von diesem Punkt an wurden ihre Gespräche immer persönlicher. Der verhärtete Patient wurde zugänglicher und betete schließlich sogar mit dem Seelsorger, um den Rest seines Lebens Jesus Christus anzuvertrauen. Er ging einige Wochen später friedlich in die nächste Welt hinüber. Ray nannte seine Hinwendung zu Gott später die „Wassermelonenbekehrung".

6. Wer stirbt, zieht sich aus der Welt zurück

In Kapitel 11 betrachteten wir die Geschichte von Von Owens Tod. In seinem letzten Lebensjahr zog er sich immer mehr aus der Welt zurück, und dieses Beispiel ist lehrreich. In den über 40 Jahren, die ich als Pastor arbeite, habe ich diese Tendenz oft genug beobachtet. Im Fall von Nathalee, einer guten Freundin von mir, waren die letzten Wochen ihres Lebens eine Zeit, in der sie sich immer mehr von der Welt abwandte. Oft interpretieren wir diesen Rückzug als Zeichen der sich verschlimmernden Krankheit oder des endgültig verfallenden Körpers (und gewiss kann das auch der Fall sein), doch es kann auch sein, dass sich der Betreffende einfach von der Welt um sich herum distanziert, weil er sich bereits auf die nächste vorbereitet.

Von Owens allmählich wachsendes Bewusstsein dafür, dass verstorbene Heilige auf ihn warteten, so als ob Leute auf der anderen Seite der Glastür ihm zuwinkten, ist besonders lehrreich. Zu Lebzeiten war Von ein sehr praktisch ausgerichteter Mensch, der sich kaum etwas aus mystischen Erfahrungen machte. Als Pragmatiker war sein Zugang zum christlichen Glauben schnörkellos und orthodox. Folglich bot sich Von nicht gerade als Kandidat für eine ungewöhnliche Erfahrung am Ende seines Lebens an. Trotzdem bereitete ihn die lange Periode des Rückzugs aus dieser Welt auf tiefere geistliche Einblicke vor.

Es ist auch interessant festzuhalten, dass Menschen nach einer Nahtoderfahrung oft mit einer radikal veränderten Meinung zu wichtigen Themen zurückkommen. Sie haben keine Angst mehr vor dem Tod, sind sensibler, kümmern sich mehr um andere und engagieren sich wie nie zuvor. Die persönliche Begegnung mit dem Tod scheint Menschen allgemein die Augen für ein großes Lebensziel zu öffnen, dem sie bisher aus dem Weg gegangen waren oder das sie nicht richtig verstanden hatten.

Sich am Ende des Lebens aus der Welt zurückzuziehen scheint sterbenden Menschen dabei zu helfen, dieses Ziel zu erreichen.

Wir brauchen uns daher keine Sorgen zu machen, wenn ein geliebter Mensch sich im Sterben von uns abwendet. Das ist normal und offenbar auch gut, wenn sich der Sterbende auf den Tod vorbereitet.

7. Nahtoderfahrungen verändern Zweifler

Wie wir bereits erwähnt haben, ändern Atheisten und Agnostiker nach einer solchen Erfahrung fast immer ihre Meinung über Gott und das Leben nach dem Tod. Andere kommen mit drastisch veränderter Wahrnehmung, mit anderen Gefühlen und Reaktionen zurück. Manche Menschen sind zornig oder traurig, weil sie zurückkehren mussten. Hin und wieder hat jemand das Gefühl, dass er über seine Erfahrungen nicht sprechen kann, und unterdrückt sie eine Zeit lang. Andere sind begeistert, dass sie eine so bemerkenswerte Erfahrung erleben durften, und empfinden tiefe Ehrfurcht. Viele werden durch diese außergewöhnlichen Ereignisse demütiger, während andere mit missionarischem Eifer von ihren Entdeckungen berichten.

Der Glaube ist eine Entscheidung, die wir für uns selbst treffen. Er gehört zu einem privaten Bereich innerhalb unseres freien Willens. Doch etwas so Außergewöhnliches wie eine Nahtoderfahrung kann die finstersten und verborgensten Bereiche unseres irdischen Lebens gründlich durcheinanderwirbeln! Die Wandlung vom Zweifler zum Gläubigen ist daher oft ein Teil der letzten Schritte unseres Lebensweges.

Dee Dees Geschichte

Zwar spielen in der folgenden Geschichte Zweifel keine Rolle, doch die meisten der sieben Schritte sind enthalten. Nicht alle sind ausdrücklich erwähnt, doch genug, um uns ein Bild davon zu machen, was uns erwarten mag.

Im Sommer 1981 kam es bei Mary D. Bailey, genannt Dee Dee, zum zweiten Mal zu einem akuten Nierenversagen, weswegen sie ins Krankenhaus eingeliefert wurde. Dort stellte sich heraus, dass sie außerdem unter Nierensteinen litt, was ihre Probleme nur noch vergrößerte.

Dee Dee hatte sich unserer Gebets- und Heilungsgruppe in der Kirche angeschlossen, sog förmlich alle Hilfestellungen auf, die angeboten wurden, und trat selbst inbrünstig im Gebet für kranke Menschen ein.

Ihr Arzt war gerade nicht in der Stadt, als sie ins Krankenhaus eingeliefert wurde, teilte Dee Dee jedoch mit, dass sein Vertreter ihr einen Katheter legen würde, um ihr zu helfen. Unglücklicherweise wurde dies jedoch vom Vertretungsarzt vergessen. Dee Dees Temperatur schoss auf über 41 Grad hoch, und sie litt unter Krämpfen. Ein toxisches Schocksyndrom setzte ein, und sie bekam eine Blutvergiftung. Aus einer schmerzhaften, aber behandelbaren Erkrankung wurde sehr schnell eine lebensbedrohliche Situation.

Als ihr Arzt zurückkam, hatte die Blutvergiftung sich bereits im ganzen Körper ausgebreitet. Dee Dees Nieren versagten ihren Dienst völlig, und ihr Blutdruck sank. Sie lag im Sterben.

Ihre Mutter Donna rief in der Gemeinde an und berichtete, wie ernst die Lage war. Im Gottesdienst wurde mitgeteilt, dass Dee Dee in Lebensgefahr schwebte, und die gesamte Gemeinde begann mitten im Gottesdienst für sie zu beten. Im Krankenhaus fiel Dee Dees Blutdruck mittlerweile ins Bodenlose.

Dee Dee Bailey starb.

Und dann kam es Dee Dee vor, als setzte sie sich im Bett auf, obwohl sie sah, wie ihr Körper leblos auf der Matratze des Krankenhausbetts lag. Sie sah Tränen in den Augen der Krankenschwester.

„Wir verlieren sie, oder?", fragte die Schwester.

Der Arzt antwortete nicht, sondern arbeitete verbissen weiter und nannte sie Mary, obwohl sie normalerweise nicht unter diesem Namen bekannt war. In diesem Augenblick verließ Dee Dee diese Welt.

Zwei große Engel erschienen und geleiteten sie aus dem Krankenzimmer. Sanft, aber bestimmt führten sie sie in einen Tunnel voller Licht. Als Dee Dee diesen Tunnel entlangtrieb, hörte sie Musik, doch der Klang war zehntausend Mal großartiger als alles, was sie bisher gehört hatte – überhaupt nicht vergleichbar mit der Musik, die wir auf der Erde kennen. Die Musik überwältigte sie und löste in ihr Dankbarkeit und Ehrfurcht aus. Zwar hatte sie die Sprache noch nie gehört, in der gesungen wurde, doch sie konnte alles genau verstehen. Sie erzählte später, dass es eine wunderbare Erfahrung war und die Nierensteine überhaupt keine Schmerzen mehr verursachten.

Am anderen Ende des Tunnels stand Jesus Christus mit weit ausgebreiteten Armen. Dee Dee rannte zu ihm, und sie umarmten sich. Jesus gab ihr ohne ein Wort zu verstehen, wie sehr er sie liebte.

„Deine Zeit ist noch nicht gekommen", sagte Jesus aber dann schließlich.

Dee Dee wollte nicht gehen. Es fühlte sich so richtig an, hier zu sein.

„Deine Zeit ist noch nicht gekommen", wiederholte er. „Du musst zurückgehen und meine Schafe weiden."

Dee Dee sah zu Jesus auf und blickte in die schönsten, ausdrucksvollsten Augen, die sie jemals gesehen hatte. Dann spürte sie, wie sie in ihren Körper zurück*geschleudert* wurde, und schlug die Augen auf.

„Oh mein Gott!", rief die Krankenschwester aus. „Ihre Augen sind offen."

Der Arzt hatte gerade eine Nadel in Dee Dees Brust eingeführt und Adrenalin direkt in ihr Herz injiziert. Sie war wieder da. Sofort wurde Dee Dee auf die Intensivstation verlegt, wo ihr langsamer Genesungsprozess begann. Auch in den schlimmsten Augenblicken erinnerte sie sich immer an die Augen von Jesus.

Heute versucht Dee Dee immer neu, diese unglaublichen Augen zu malen. Doch die meiste Zeit verbringt sie damit, „die Schafe zu weiden". Sie betrachtet es als ihre Lebensaufgabe, Menschen dabei zu helfen, Jesus Christus zu begegnen. Unter anderem arbeitet sie mit Studenten an der Universität von Oklahoma. Und weil sie außerdem eine Brustkrebserkrankung überlebt hat, berät und begleitet Dee Dee auch Frauen, bei denen man Krebs diagnostiziert hat. In allem, was sie tut, hat sie ihr Nahtoderlebnis vor Augen und das bestimmt ihre Prioritäten.

Zum Schluss

Für viele Menschen klingen diese sieben Schritte nicht danach, als hätte man überhaupt Schritte zu bewältigen. Vielleicht sollte man jede der Erfahrungen als eine wunderbare, individuelle Einladung sehen. Und ganz gewiss sind sie das auch! Ich bin immer wieder erstaunt, dass Menschen auf der ganzen Welt mit völlig unterschiedlichen Hintergründen ganz ähnliche Erlebnisse zu erzählen haben und man sie in einer Liste der Reihenfolge nach ordnen kann. Sie geben uns Bilder in die Hand, die man nur voller Ehrfurcht ansehen kann.

Ich finde es lohnend, diese sieben Schritte zu betrachten und mich zu fragen, ob ich bereit für eine solche Erfahrung wäre. Habe ich alles Notwendige getan, um mich auf die Schlussphase meines Lebens vorzubereiten? Weil der Tod unvorhergesehen eintreten kann, sollte man solche Gedanken ruhig auch dann einmal an sich heranlassen, wenn man kerngesund und in der Blüte seines Lebens ist.

Der schwerste der sieben von mir skizzierten Schritte

ist wahrscheinlich der, sich seiner Vergangenheit zu stellen und sicherzustellen, dass alles in Ordnung gebracht worden ist. So schwer das auch klingen mag – jeder ist in der Lage, das zu tun. Allerdings erfordert es viel Mut. Sich das Gestern genau anzuschauen, bedeutet nicht zu verändern, was gewesen ist (denn das ist ja ohnehin nicht mehr möglich), oder Trauer über etwas zu empfinden, was wir nicht ändern konnten. Doch es gibt immer wieder Erlebnisse, bei denen wir gleichzeitig Täter und Opfer sind. Manchmal können wir nicht zu diesen Erfahrungen zurückgehen und etwas in Ordnung bringen, weil die Menschen, die damit zu tun hatten, das nicht zulassen. Wir können dann aber immerhin dafür sorgen, dass wir selbst mit dieser Situation ins Reine kommen. Das ist ein Teil dessen, was Jesus uns lehrte, als er sagte: „Wer der Wahrheit gehorcht, kommt zum Licht; denn das Licht macht offenbar, dass er mit seinen Taten Gott gehorsam war" (Johannes 3,21). Diese geistliche Übung gehört dazu, wenn wir ins Licht gehen.

Kapitel 13

Die großartigste Geschichte

Auf den vorhergehenden Seiten habe ich Ihnen eine Reihe von erstaunlichen Geschichten erzählt. Aber haben Sie schon einmal die großartigste Geschichte von einem Nachtoderlebnis gehört, die jemals erzählt wurde?

Es ist die Geschichte eines Mannes, der zu Unrecht eines Verbrechens angeklagt wurde, das er nicht begangen hatte. Doch das hielt die Behörden nicht davon ab, seine Hinrichtung zu betreiben. Sie zogen das Gerichtsverfahren hastig durch und fällten ein eklatantes Fehlurteil. Selbst die Freunde des Mannes ergriffen panisch die Flucht, weil die Polizei überall war und keine abweichenden Meinungen duldete. Es handelte sich um Freunde, die wirklich zu ihm standen, ihm Treue bis in den Tod versprochen hatten – und dann auf einmal verschwunden waren.

Die Justizbeamten beeilten sich, die Hinrichtung zu vollziehen, doch die Exekution dauerte lange, und der Mann starb einen qualvollen Tod. Als man ihn für tot erklärt hatte, schaffte man den Leichnam fort. Man hatte nicht viel Zeit, die Leiche so herzurichten, wie es der Landesbrauch forderte. So brachten sie den Leichnam einfach im Grab eines anderen Mannes unter. Was die Polizei betraf, war die Angelegenheit für sie damit erledigt, obwohl sie Wachen aufstellten, damit es im Verlauf des Wochenendes nicht zu merkwürdigen Vorfällen kam.

Drei Tage später kamen einige gute Freundinnen zurück, um ihrem Freund ein paar Blumen ans Grab zu stellen. Zu ihrem Entsetzen mussten sie feststellen, dass die Tür des Mausoleums offen stand. Sie schauten hinein und sahen, dass die Leichentücher zusammengelegt auf einer Seite lagen. Der Leichnam war verschwunden! Zwei eigenartig aussehende Männer saßen drinnen und sagten ihnen, sie bräuchten keine Angst zu haben. Sie wussten, nach wem die Frauen suchten, teilten ihnen jedoch mit, dass der Mann nicht mehr tot sei. Sie sagten, er sei ins Leben zurückgekehrt! Die Frauen rannten sofort durch die ganze Stadt, um den anderen zu berichten, was sie erlebt hatten.

Nun, Sie merken schon, wo diese Geschichte hinsteuert, und haben auch sicher gemerkt, dass es sich um die Robert-Wise-Übersetzung handelt, die in zeitgenössischer Form die Berichte von Matthäus, Markus, Lukas und Johannes zusammenfasst, die von der Auferstehung Jesu von den Toten erzählen. Von all den Geschichten, die wir bisher betrachtet haben, stellt diese den Maßstab dar, an dem wir die Wahrheit messen.

Im Mittelpunkt des christlichen Glaubens steht die Überzeugung, dass Jesus von Nazareth verraten, zu Unrecht angeklagt, unter Pontius Pilatus gekreuzigt und begraben wurde und am dritten Tag von den Toten auferstand. Das Johannesevangelium beginnt mit den Worten: „Am Anfang war das Wort. Das Wort war bei Gott, und in allem war es Gott gleich. Von Anfang an war es bei Gott. ... In ihm war das Leben, und dieses Leben war das Licht für die Menschen. Das Licht strahlt in der Dun-

kelheit, aber die Dunkelheit hat sich ihm verschlossen"
(Johannes 1,1-2.4-5).

Der letztgültige Maßstab

Christen glauben, dass das Licht Gottes alle Finsternis
erhellt, und sie messen das Unbekannte daran, wie es
sich in diesem Licht zeigt. Darum müssen wir auch an
Nahtoderfahrungen diesen Maßstab der Wahrheit an-
legen. Wir messen die Gültigkeit solcher Geschichten
daran, ob sie zu dem passen, was in der Bibel geschah,
und aufgrund unseres Themas speziell zu dem, was im
Leben, Sterben und der Auferstehung von Jesus Christus
geschah.

Die Auferstehung ist für den christlichen Glauben
von so zentraler Bedeutung, dass sie in 17 der neutesta-
mentlichen Bücher ausdrücklich erwähnt und in den
meisten anderen stillschweigend als gegeben vorausgesetzt wird. Die vier Evangelisten erzählen als Erste die
Geschichte aus unterschiedlichen Blickwinkeln. Mit Ausnahme von 2. Thessalonicher, Titus und Philemon be-
ziehen sich alle Paulusbriefe auf die Auferstehung. Paulus versucht dort nie, sie zu beweisen, weil die gesamte
christliche Gemeinschaft sie schon als Fundament ihrer
Überzeugungen akzeptiert hatte. Alle wichtigen Glau-
bensbekenntnisse der christlichen Kirche schließen die
Auferstehung als zentrales Element ihres Glaubens ein.

Während wir bereits die Frage beantwortet haben, ob
sich die Erfahrungen Sterbender mit Drogenmissbrauch
oder Halluzinationen erklären lassen, führt die Auferstehung von Jesus diese Nachforschungen auf eine höhere

Ebene. Seit 2000 Jahren glaubt die Gemeinschaft der Christen an die Auferstehung von Jesus. Gleichzeitig wird die Auferstehung auch als „suprahistorisch" in dem Sinne bezeichnet, dass sie die Zeit transzendiert. In seiner *Kirchlichen Dogmatik* beschreibt Karl Barth die Auferstehung als „erfüllte Zeit", die in das Alltagsleben hineinbricht. Die zugrunde liegende Vorstellung ist, dass Jesus mit einem Bein in beiden Welten stand: Erde und Himmel. Nachdem er gestorben war, kehrte Jesus in umgestalteter Form aus einer Welt zurück, in der es keine Uhren gibt. Folglich können wir zwar in normaler Sprache über das reden, was geschehen ist, doch das Ereignis selbst übersteigt alle Formen sprachlichen Ausdrucks.

Klingt das irgendwie vertraut? In den Nahtoderfahrungen, die wir bisher betrachtet haben, überschritt jeder Einzelne eine Linie, bei der es schwerfällt, mit sprachlichen Mitteln auszudrücken, was vor sich ging. Die allermeisten Betroffenen können kaum beschreiben, was sie gesehen haben.

Eine Blaupause für die Ewigkeit

Viele Christen haben anhand des Neuen Testaments versucht, eine Art Blaupause für das Ende der Welt und die große Auferstehung am Ende der Zeiten zu zeichnen. Die verschiedenen Standpunkte unterscheiden sich dabei so krass, dass auf diese Weise ganze Denominationen entstanden sind, die im Vergleich zu anderen Gruppierungen ganz eigene Vorstellungen pflegen.

Zum Beispiel geht man in manchen Gruppierungen davon aus, dass wir eines Tages sterben und dann bis zum

Ende der Zeit, wenn Jesus wiederkommt, „schlafen". In anderen Gemeinschaften ist man überzeugt, dass wir im Augenblick des Todes den Himmel betreten. Ich finde es in diesem Zusammenhang bedeutsam, dass in allen Nahtoderfahrungen und -geschichten der Betreffende sofort die andere Seite betrat und es in ihrem Bewusstsein keine Unterbrechung in der Folge der Ereignisse gab; doch muss man anmerken, dass manche Menschen beim „Übersetzen" Hilfe in Anspruch nehmen mussten.

Lawrence Anthony Wheeler war sein ganzes Berufsleben lang Pastor, Lehrer und Missionar der Siebenten-Tags-Adventisten gewesen. Er wurde an Heiligabend 1909 geboren und besaß zeit seines Lebens eine beeindruckende Ausstrahlung. Seine Frau und er hatten zwei Kinder.

Er war ein körperlich und emotional starker Mensch, doch in seinen letzten Lebensjahren hatte er es schwer, weil ihn eine Reihe von Schlaganfällen traf. Schließlich musste Wheeler in einem privaten Pflegeheim versorgt werden, wo er dann noch eine chronische Infektion bekam und auf ein Isolierzimmer verlegt wurde. Seine Kräfte ließen so sehr nach, dass er schließlich von einer Krankenschwester gefüttert werden musste, weil er nicht mehr in der Lage war, seine Arme zu heben. Wie alle Adventisten erwartete Wheeler, nach seinem Tod bis zur Auferstehung der Toten am Ende der Zeiten zu schlafen.

Seine Tochter Marjorie Wheeler Raymond erzählte mir die Geschichte seiner letzten Lebensstunden. Als sie einen Anruf vom Pflegeheim erhielt, ahnte sie, dass ihr nicht mehr viel Zeit mit ihrem Vater blieb. Sobald sie sich jedoch auf den Weg zum Pflegeheim gemacht hatte, begann es heftig zu schneien. Der Schneefall zwang sie, an

einem Restaurant an der Straße anzuhalten und zu über-
legen, was sie als Nächstes tun sollte. Während sie eine
Tasse Kaffee trank, betete sie still: „Herr, wenn du willst,
dass ich es rechtzeitig zu meinem Vater schaffe, musst du
den Schneefall aufhören lassen." Als sie das Café verließ,
hatte es aufgehört zu schneien. Marjorie entschied, dass
dies ein Zeichen war, dass sie weiterfahren sollte.

Als sie das Pflegeheim erreichte, wusste das Personal
um die ernste Situation und teilte ihr mit, dass ihr Vater
„nur noch auf sie wartete". Marjorie erkannte die Anzeichen des Todes und begriff augenblicklich, dass ihr Vater
nicht mehr lange zu leben hatte. Seine Füße waren
bereits ganz kalt. Sie bat darum, ein Schild an die Tür zu
hängen und sie nicht zu stören.

Nach einigen Augenblicken begann ihr Vater an die
Decke zu blicken, als ob er in den Himmel schaute. Ein
unerwarteter Ausdruck der Freude zog mit einem Mal
über sein Gesicht. Obwohl er überhaupt keine Kraft
mehr hatte, begann er die Arme zu heben. Neue Stärke
schien seinen Körper zu durchfluten. Er hob beide Arme
und ließ sie langsam wieder sinken, nur um sie gleich
darauf mit einem Lächeln auf den Lippen wieder zu
heben. Eine ganze Stunde lang kommunizierte Wheeler
so mit jemandem, den nur er allein sehen konnte. Zum
Schluss gab es weder ein Todesröcheln noch irgendein
Anzeichen, dass er sterben würde. Lawrence Wheeler
ging schnell und friedlich heim.

Im Gegensatz zu dem, was Marjorie und ihr Vater
erwartet hatten, sah es so aus, als sei Wheeler direkt in
den Himmel gekommen, auch wenn wir das nicht mit
Sicherheit wissen. Mir geht es nicht darum zu zeigen,
dass eine bestimmte theologische Sichtweise richtiger ist

als eine andere; ich schaue mir einfach das mir vorliegende Material an und versuche zu verstehen, was es mir sagt. Gewiss passt Lawrence Wheelers Erfahrung gegen Ende seines Lebens zu den großen Linien der Bibel. Im Lukasevangelium wird uns berichtet, dass Jesus bei der Kreuzigung zu dem Verbrecher sagte: „Ich versichere dir, du wirst noch heute mit mir im Paradies sein" (Lukas 23,43). Drei Tage später kehrte Jesus zurück. Die Vorstellung von einem nahtlosen Übergang zur anderen Seite passt eindeutig zu dem Bild, das die Bibel von der Ewigkeit zeichnet.

Umgestaltung der Existenz

Ob der Sterbende nun ein Erwachsener oder ein Kind ist; ein weiterer gemeinsamer Nenner ist, dass es oft zu einer außerkörperlichen Erfahrung kommt. „Zurückgekehrte" berichten, dass sie das Empfinden hatten, leicht wie eine Wolke dahinzuschweben. Manchmal finden sie sich plötzlich unter der Zimmerdecke wieder und sehen auf das herunter, was geschieht, oder sie lauschen einer Unterhaltung draußen im Flur, die, wie sie später feststellen, tatsächlich stattgefunden hat. Oft schauen sie auch auf ihren eigenen Körper, in dem, wie sie wissen, kein Leben mehr ist. Wir stellen hier die Frage: Stimmt das mit dem überein, was die Bibel über Tod und Ewigkeit sagt? Lassen Sie uns zunächst eine weitere kurze Geschichte von jemandem betrachten, der diese Erfahrung gemacht hat.

Mit 8 Jahren wurde Carl Allen Pierson aus Hinton, West Virginia, vom Blitz getroffen. Er rannte mit einer

Zinkwanne auf dem Kopf durch ein Gewitter und bekam die volle Wucht eines Blitzes zu spüren, der ihn umwarf. Als Nächstes erinnerte er sich daran, dass er über seiner Familie schwebte, die sich über seinen am Boden liegenden Körper beugte. Nachdem sie ihn zu einem Arzt geschafft hatten, beobachtete er sie weiterhin und schwebte über seinem eigenen Körper, bis er wiederbelebt wurde.[17]

Solche Erlebnisse sind bei Nahtoderfahrungen recht häufig und scheinen auf die Umgestaltung nach dem Tod hinzudeuten, wenn wir statt einem physischen Körper einen spirituellen bekommen.

Die Evangelien geben uns manche Hinweise darauf, wie der Körper von Jesus nach der Auferstehung beschaffen gewesen ist. Zwar liefern uns diese vier Berichte nichts, was wir als naturwissenschaftliche Beweise betrachten würden, doch sie zeigen offensichtlich, dass hier etwas Tiefgreifenderes geschah als einfach nur die Wiederbelebung eines klinisch Toten. Wiederbelebung oder Reanimation bedeutet, einen Körper wieder zurück ins Leben zu holen. Bei der Auferstehung handelt es sich dagegen um etwas viel Bedeutenderes. Auch hier geschieht die Wiedervereinigung von Körper und Geist, doch hier wird der Geist mit einem *anderen* Körper vereinigt. Anhand der Kreuzigungswunden an Händen und Füßen sehen wir, dass der Körper von Jesus nach der Auferstehung noch Gemeinsamkeiten mit seinem irdischen Körper hatte, doch trotzdem war er umgestaltet. Eine der geheimnisvollen Paradoxien des christlichen Glaubens liegt darin, dass die Auferstehung Jesu *sowohl denselben als auch einen anderen* Körper hervorzubringen schien.

Wenn man die Evangelienberichte aufmerksam liest, nimmt man erstaunt zur Kenntnis, dass Jesus' Auferstehungskörper offenbar völlig anders funktionierte als der Körper vorher. Das Johannesevangelium berichtet, dass Maria Magdalena weinend vor dem Grab stand, als sie es leer vorfand. Als Jesus sich ihr zeigte, hielt sie ihn zunächst für den Gärtner. Erst als Jesus sie mit ihrem Namen ansprach, erkannte Maria ihn. Offensichtlich *ähnelte* er seiner früheren Erscheinung und *unterschied* sich gleichzeitig davon.

In dieser Nacht verriegelten die Apostel (bis auf Thomas, der sich nicht bei ihnen aufhielt) jede Tür im Haus, weil sie Angst hatten, jemand könnte eindringen und sie gefangen nehmen. Plötzlich befand sich Jesus mitten unter ihnen. Acht Tage später erschien er Thomas, der sich weigerte zu glauben, dass es sich wirklich um Jesus handelte, bis er die Wunden an seinen Händen sah. Die Geschichte der Emmaus-Jünger ist ähnlich gelagert: Zwei Jünger sprachen auf dem Weg nach Emmaus am Nachmittag des Ostertags über die Kreuzigung. Sie erkannten Jesus nicht, als er erschien und ihnen erklärte, was geschehen war. Erst später, als er das Brot mit ihnen brach, wurde den Männern klar, um wen es sich handelte. Einen Augenblick später war Jesus verschwunden.

Was fangen wir mit diesen Informationen an? Theologen und Prediger haben die Bedeutung der Auferstehung im Lauf der Jahrhunderte aus verschiedenen Blickwinkeln untersucht. Für unser Thema können wir jedenfalls festhalten, dass das, was man gemeinhin als „außerkörperliche Erfahrung" bezeichnet, der Auferstehung von Jesus erstaunlich ähnlich ist. Als Maria Magdalena zum Beispiel Jesus begegnet, sagt er ihr: „Halte mich nicht fest! Ich bin noch nicht zum Vater zurückgekehrt" (Johannes 20,17). Offensichtlich war irgendetwas an seinem Körper deutlich anders.

Als er nach seinem Tod umgestaltet wurde, kehrte Jesus mit der Fähigkeit zurück, durch den Vorhang zwischen der Welt der Lebenden und des Todes hin- und herzugehen. Er konnte abrupt irgendwo erscheinen und plötzlich wieder verschwinden. Manche erkannten ihn, manche nicht. Gegen Ende des Matthäusevangeliums steht ein vielsagender Satz, den wir nicht übersehen sollten: Eine ganze Zeit nach dem Ostertag sagte Jesus den Aposteln, dass er sie in Galiläa treffen wolle. „Als sie ihn sahen", so berichtet uns Matthäus, „warfen sie sich vor ihm nieder, doch *einige hatten auch Zweifel*" (Matthäus 28,17; Hervorhebung von mir). Und bis zum Ende der Zeiten wird das immer der Fall sein: Manche Menschen werden immer Zweifel haben.

Wir müssen allerdings festhalten, dass es einen wichtigen Unterschied zwischen dem gibt, was mit Jesus geschah, und dem, was anderen Menschen in der Bibel widerfuhr, die ein Nahtoderlebnis hatten. Zum Beispiel hatte Lazarus eine der bedeutendsten (und längsten!) Nahtoderfahrungen, von denen wir in Vergangenheit oder Gegenwart jemals gehört haben (siehe Johannes 11,5-44). So erstaunlich seine Rückkehr ins Leben nach drei Tagen im Grab auch war, gibt es doch einen gravierenden Unterschied: Jesus erweckte Lazarus wieder zum Leben, während Jesus *auferstand*.

Menschen wie Carl Allen Pierson kehren nach diesem Erlebnis wieder zu ihrem vorherigen Zustand zurück und leben weiter, bis sie dann schließlich eines Tages sterben.

Im 1. Korintherbrief schreibt Paulus jedoch, dass die Auferstehung einen unvergänglichen Körper hervorbringt. Das ist der entscheidende Unterschied zwischen der Auferstehung Jesu Christi und den Nahtoderfahrungen, die wir bisher betrachtet haben.

Leben in einer spirituellen Welt

Wie können im 20. oder 21. Jahrhundert geborene Menschen Worten einen Sinn abgewinnen, die klingen, als stammten sie aus einer abergläubischen Welt vor dem Mittelalter? Wir leben im Zeitalter der Computer und Raumfähren, die Astronauten zum Mond befördern. Heute rasen wir die Autobahnen doppelt so schnell hinunter wie vor hundert Jahren. Die Lebenserwartung in Amerika liegt 20 Jahre höher als damals. Kann man in unserer modernen Welt überhaupt noch an eine spirituelle Welt glauben? Kann man den Berichten von Nahtoderlebnissen, von dem „Übergang" von einer Welt in die nächste, Glauben schenken, ohne zu meinen, man sei in das Zeitalter der Pharaonen und Pyramiden zurückgefallen?

Ich glaube, dass es eine aktive geistige Welt gibt, die gerade außerhalb unserer Reichweite liegt, und ich lese diese Geschichten und Erfahrungen mit einer großen Offenheit gegenüber dem Mysterium der Ewigkeit, während ich immer alle Angaben anhand der Bibel überprüfe. Ich glaube, das ist die Linse, durch die wir die Nahtoderfahrungen und das, was sie uns über den Tod, das Leben und die Ewigkeit lehren wollen, am besten verstehen.

An einem Punkt meines Lebens kam ich zu der Überzeugung, dass die Liebe die größte natürliche Realität ist,
der wir in diesem Leben begegnen. Kann man sie anfas-
sen, eine Schüssel davon zum Frühstück essen oder sie
an die Wand hängen? Nein, denn Liebe ist nicht greifbar.
Dennoch glaube ich, dass Liebe die ultimative Quelle
allen Sinns ist, und ich gehe sogar so weit zu denken,
dass es eine Dimension der letztgültigen Wahrheit gibt,
die hinter und jenseits von allem steht, was wir sehen.
Ich verstehe das so: Wenn meine Wahrnehmung exakt
sein soll, muss ich auch die Möglichkeit zulassen, dass
die geistige Welt, das Reich der Engel, Schatten, des
Unerwarteten und des Unsichtbaren, auf irgendeine
Weise Auswirkungen auf die Dinge hat, die ich um mich
herum beobachte.

Folglich habe ich inzwischen nicht mehr die Erwartung, dass der Himmel „irgendwo da draußen" oder
„weit oben" oder an irgendeinem entlegenen Ort des
Universums ist. Ich glaube, dass er uns ganz nah ist, ja
direkt vor uns und doch nicht fassbar. Um es anders auszudrücken: Ich glaube, dass die Ewigkeit eher einer
unsichtbaren Dimension gleicht. Um es noch genauer
zu sagen, unsere Erde ist nur ein einziger Aspekt in der
Unermesslichkeit von Gottes Welt. Wir wissen, dass
die dritte Dimension für die Tiefe steht. Wir können mit
mathematischen Mitteln eine vierte, fünfte und sechste
Dimension (und noch viele weitere) berechnen, ohne sie
mit unserem Seh- oder Tastsinn erfassen zu können. Aufgrund meiner Erfahrungen und Untersuchungen ist der
Himmel ähnlich zu verstehen.

Wenn der Sterbeprozess bei einem Menschen einsetzt,
beginnt sich seine Wahrnehmung auf erstaunliche

Weise zu verändern. Menschen wie Lawrence Wheeler entwickeln die Fähigkeit, über ihr Sehvermögen und über ihre Überzeugungen hinauszu-„sehen". Sie entwickeln eine besondere Fähigkeit, über die Grenzen dieser Welt hinauszuschauen und eine Hand in die Ewigkeit auszustrecken.

Und wo ging Jesus hin?

Die Bibel sagt, dass Jesus Christus in den Himmel ging, dort zur Rechten seines Vaters sitzt und dass ihm ein Name gegeben wurde, der über allen anderen Namen ist, sodass sich jedes Knie im Himmel und auf der Erde vor ihm beugen wird (siehe Philipper 2,9-11). Die Zeit, in der Jesus nach seiner Auferstehung den Menschen erschien, war von besonderer Bedeutung. Jesus wurde von allen zwölf Aposteln gesehen, von rund 500 anderen Menschen und später (nach der Himmelfahrt) auch von Saulus, der nach der Begegnung mit Jesus sogar seinen Namen in „Paulus" änderte. Die Apostelgeschichte berichtet, dass sich Jesus bei seiner Himmelfahrt ein letztes Mal zeigte und dann vor den Augen seiner Apostel und Jünger in den Himmel auffuhr (siehe Apostelgeschichte 1,9-11).

In den drei Tagen zwischen Karfreitag und Ostern, so sagt uns die Bibel, geschah allerdings noch etwas: Die Bibel berichtet, dass Jesus vor Menschen predigte, die bereits verstorben waren (siehe 1. Petrus 3,19; 4,6), und man betrachtet dies als eine Art „Niederfahrt" im Gegensatz zur späteren Himmelfahrt. Die Kirche bekräftigt diese Auffassung im Apostolischen Glaubensbekenntnis, wenn die Gläubigen die Worte sprechen: „Gelitten unter Pontius Pilatus; gekreuzigt, gestorben und begraben, hinabgestiegen in das Reich des Todes."

Die Bibel lehrt also, dass Jesus in das Reich der Finsternis ging und den Toten predigte. Theologen mögen sich darüber streiten, was genau Jesus dort sagte, doch die Bibel bekräftigt auf jeden Fall, dass es so etwas wie ein Reich des Todes gibt, wie es manche Menschen erlebt haben. Auch hier stimmen Nahtoderlebnisse also mit dem Zeugnis der Bibel überein.

Was sollen wir sagen?

Wenn wir uns wieder dem 1. Johannesbrief zuwenden, lesen wir dort: „Diese [Aussage] besagt: Gott hat uns ewiges Leben gegeben, und wir erhalten dieses Leben durch seinen Sohn. Wer den Sohn Gottes hat, hat auch das Leben. Wer aber den Sohn nicht hat, hat auch das Leben nicht" (1. Johannes 5,11-12).

Jeder, der in einer persönlichen Beziehung zu Jesus Christus steht, hat dieses Geschenk des ewigen Lebens bereits bekommen. Die Tatsache, dass der Apostel Johannes sich seiner Sache so sicher ist, was diese letzten Dinge betrifft, liefert uns einen weiteren Hinweis auf die Gültigkeit unserer Schnappschüsse aus der Ewigkeit. Diese bruchstückhaften Informationen weisen uns darauf hin, dass uns nach dem Tod nicht das Nichts erwartet, sondern etwas Geheimnisvolles und Wunderbares – wir können in Ewigkeit mit Gott leben.

Kapitel 14

Puzzlestücke, die nicht passen

Manche Teile von Nahtoderlebnissen sind wie Puzzlestücke, die einfach nicht ins Gesamtbild passen wollen.
So ist die Welt, in der wir leben. Vulkane brechen aus,
die Erde bebt aus heiterem Himmel, und Menschen kommen dabei um. In jedem Jahr ziehen Tornados über Amerika, töten Menschen und zerstören Eigentum im Wert
von vielen Millionen Dollar. Tsunamis überfluten ganze
Städte und Landstriche und löschen sie aus. Ich will
damit sagen, dass wir in einer unvollkommenen Welt
leben, die ständig im Umbruch ist.

Stephen W. Hawking, der den Newton-Lehrstuhl für
Mathematik an der Universität Cambridge innehat,
schloss sein Buch *Eine kurze Geschichte der Zeit* mit den
Worten: „Wir leben, so stellen wir fest, in einer befremd-
lichen Welt."[18] Viele großartige Köpfe, von Nobelpreis-
träger Simon van der Meer über Weinberg mit seinen ein-
heitlichen Theorien über die elektromagnetische Kraft
bis hin zu Albert Einstein, der starb, ohne die letztgültige
Erklärung für die Beziehung zwischen Magnetismus und
dem Universum gefunden zu haben, sagen uns, dass
unsere Welt voller Widersprüche ist. Doch das hält die
Wissenschaft nicht davon ab, immer weiter nach der
Wahrheit zu forschen. Wenn wir also sehen, dass die besten Denker unseres Planeten immer noch mit tausend
ungelösten Fragen leben, ist es nicht weiter verwunder-

lich, dass viele Fragezeichen bleiben, wenn wir über Nahtoderfahrungen reden.

Könnten wir von einem solch unauslotbaren Thema etwas anderes erwarten? Trotzdem wollen wir versuchen, einige Fragezeichen aufzulösen.

Ein Puzzlestück, das nicht passt

Norman Neaves ist Pastor und verbrachte fast seine gesamte Dienstzeit in einer einzigen Gemeinde. Die von ihm gegründete Methodistengemeinde wuchs im Lauf von nahezu 40 Jahren zu einer der größten Versammlungen ihrer Denomination heran. In Normans Zeit als Pastor gehörte ein Mann namens Gary Dage zu seinen Freunden. Am 1. Mai 1992 war Dage der leitende Assistent des Kongressabgeordneten Glen English. Dieser war in Oklahoma auf einer Wahlkampftour, als Gary Dage einen Herzanfall erlitt. Auf der überstürzten Fahrt ins Krankenhaus von Elk City hatte Dage mit unglaublichen Schmerzen zu kämpfen, die nicht aufhören wollten. Später schilderte er das, was nun folgte, als den Übergang von einem Leben zum nächsten. Nichts hörte auf; er überschritt einfach eine Grenze und wusste nicht einmal, wann genau er gestorben war.

Plötzlich war der Schmerz weg, und er wurde von einem wunderbaren Gefühl des Friedens erfüllt. Gary Dage wusste, dass er sich nicht mehr im Krankenhaus, sondern an irgendeinem anderen Ort befand. Zwar war es in der Welt, in der er sich überraschenderweise wiederfand, dunkel, doch das hatte nichts Furchterregendes an sich. Vielmehr beruhigte es ihn. Dage bewegte sich, ohne dass er sich rührte. Vor sich konnte er einen Torbogen sehen, und jenseits dieses Eingangs schien ein einladend sanftes Licht. Dage wollte durch den Torbogen hindurchgehen und diese neue Welt betreten, doch dann begann er an seine Familie zu denken. Er liebte seine Frau Susan und ihre drei Kinder Deborah, Don und Diana sehr und wollte sie nicht verlassen.

Als Dage an den Punkt kam, von dem keine Rückkehr mehr möglich war, sah er seine Familie vor sich stehen. Sogar sein zweijähriger Enkel Jake war bei ihnen. Dage wusste, dass sie sich ihm in den Weg stellten, um ihn davon abzuhalten weiterzugehen. In diesem Augenblick hörte er, wie eine Stimme rief: „Mr Dage! Mr Dage!" Als er die Augen öffnete, beugte sich eine Krankenschwester über ihn, die ihm Elektroschocks versetzte, um sein Herz zu stimulieren. Dage war wieder in diese Welt zurückgekehrt. Später erzählte ihm die Schwester, dass sein Herzschlag ausgesetzt habe und er einige Sekunden klinisch tot gewesen sei.

Nachdem er aus dem Krankenhaus entlassen worden war, traf sich Gary Dage in einem Restaurant mit Norman Neaves, um ihm von seinen Erlebnissen zu berichten. Als er Neaves die Geschichte in allen Einzelheiten erzählt hatte, sagte er, dass er den Tod nie wieder fürchten würde. Neaves wiederum erzählte mir, dass Dage nach seinem Nahtoderlebnis wichtige und bedeutsame Veränderungen in seinem Leben vornahm. Susan Dage teilte mir mit, sie habe keinen Zweifel daran, dass ihr Mann wirklich eine lebensverändernde Erfahrung gemacht habe und dass dieses Erlebnis aus ihrer Sicht absolut echt gewesen sei.

Im November 2001 wurde bei Gary Dage Lungenkrebs

diagnostiziert. Er hatte sein ganzes Leben lang geraucht, und mit 63 Jahren holte ihn die Krankheit ein. In den letzten Monaten seines Lebens war Norman Neaves immer noch sein Pastor und besuchte ihn häufig. Dage machte nie den Eindruck, Angst vor dem Tod zu haben. In seiner letzten Lebensphase schien er glücklich zu sein und hatte meist ein Lächeln auf den Lippen. Als sein Ende kam, begann Dage mit jemandem auf der anderen Seite zu reden, den nur er sehen konnte. Wer immer es auch gewesen sein mochte, Dage sprach eine Weile ruhig und offensichtlich erfreut mit dieser Person und starb dann friedlich.

In einem der vorhergehenden Kapitel bemerkte ich, dass Menschen bei Nahtoderlebnissen im Himmel nie lebenden Menschen begegnen, und doch sah Dage offenbar seine Familie vor dem Tor. Trotzdem finde ich nicht, dass Garys Geschichte gegen diesen Grundsatz verstößt. Ich würde das Erscheinen seiner Familienangehörigen, *bevor* er durch den Torbogen ging, eher als eine Art Traumsymbol interpretieren. War Gary tot? Die Krankenschwester sagte Ja. Doch seine Familie spielte eine entscheidende Rolle in der Frage, ob er zurückkehren würde. Nur weil er sie gesehen hatte, konnte ihn die Krankenschwester wieder ins Leben zurückholen, so sagte er es selbst. Wenn diese Interpretation stimmt, kann man daran sehen, wie sich Träume und Nahtoderfahrungen überlappen und miteinander verschmelzen.

Vor einigen Jahren verbrachte ich ein paar Wochen in einem Benediktinerkloster in Pecos, Neumexiko. Die Mönche dort hatten die ungewöhnliche Aufgabe übernommen, psychoanalytisches Gedankengut mit dem christlichen Glauben zu verbinden, und sie waren zu der

Überzeugung gekommen, dass Träume ein wichtiges Element der Selbsterkenntnis darstellten. Ich wohnte mit ihnen zusammen und nahm am Klosterleben teil, während ich untersuchte, welche Beziehungen es zwischen diesen beiden Disziplinen gab. Nach dieser Zeit beschäftigte ich mich am Jung-Institut im schweizerischen Küsnacht mit Träumen und versuchte eine Dimension der Persönlichkeit und des Denkens zu verstehen, die mir vorher völlig entgangen war. Ich fand heraus, dass manche Träume uns nirgendwohin zu führen scheinen, ein richtig verstandener Traum jedoch großen Einfluss auf uns haben kann, indem er uns neue Verständnisebenen eröffnet oder Selbsterkenntnis schenkt. Ein wichtiges Stichwort ist hier Intuition.

Im Gegensatz zur syllogistischen Logik ist Intuition die innere Fähigkeit, zu Schlussfolgerungen zu kommen, die aus den Tiefen unserer Persönlichkeit an die Oberfläche drängen. Intuition ist eine Art Ahnung, die sich später als richtig herausstellt. Intuitive Gedanken schießen einem einfach so durch den Kopf. Es handelt sich um dieses eigenartige Gefühl, etwas zu wissen, das zum Beispiel Eltern manchmal haben, wenn ihre Kinder etwas Falsches tun. Intuitive Menschen suchen von Natur aus nach dem Sinn und Zweck hinter dem, was passiert. Intuition ist eine mächtige innere Stimme, die uns etwas „wissen" lässt.

Die Sprache der Intuition ist oft symbolisch, und in Symbolen scheinen viele Bedeutungsebenen mitzuschwingen. Vielleicht sind es gerade diese vielen Schichten, die uns letztlich dann wichtige Erkenntnisse schenken. Manche Menschen glauben, dass die Dinge, die uns in Träumen zustoßen, so etwas wie Warnglocken sind, die uns auf Lebensbereiche aufmerksam machen wollen, denen wir unsere Aufmerksamkeit zuwenden sollten. Das ist der springende Punkt, soweit es die Diskussion in unserem Buch betrifft: Wie ich bei meinen Untersuchungen herausgefunden habe, gibt es durchaus Träume, die einem Nahtoderlebnis ähneln. Wie in Träumen können die Bilder, Schauplätze und Ereignisse einer Nahtoderfahrung durch ihre symbolische Kraft wichtige Erkenntnisse schenken und Sinn stiften.

Ein weiteres Puzzleteil, das nicht passt: Stimmen aus der Ewigkeit

Die Bibel verbietet, wie wir bereits bemerkten, jeden Versuch, mit den Toten Kontakt aufzunehmen. Alttestamentliche Abschnitte wie 3. Mose 20,27 oder 5. Mose 18,11 machen das in aller Deutlichkeit klar. Totenbeschwörung ist ein Versuch, von Verstorbenen Informationen zu erlangen, die bevorstehende Ereignisse in unserer Welt beeinflussen könnten. Der Versuch, Tote zu Wahrsagezwecken zu missbrauchen, wird von der Bibel in aller Schärfe verurteilt.

Ein Puzzlestück, das nicht dazu zu passen scheint, bezieht sich auf diese seltenen Augenblicke, in denen es so aussieht, als versuchten Verstorbene *uns* eine Botschaft zu übermitteln. So seltsam es klingt, manchmal scheint genau das zu passieren. Dabei handelt es sich nicht um unheimliche Spukgeschichten von Edgar Allen Poe, sondern um die Erfahrungen ganz normaler Menschen, die über etwas Unerklärliches stolpern. Ich möchte Ihnen einige Beispiele erzählen.

Tracis Geschichte

Billy Beuthel und ich wuchsen zusammen in den Bergen von Colorado auf, in einem Tal namens Deer Creek. Von Kindesbeinen an durchstreiften wir im Sommer tagein, tagaus gemeinsam die Berge. Als Erwachsene gingen unsere Wege dann auseinander. Jahrzehnte verstrichen, bis wir uns im Sommer 1999 endlich mit unseren Familien wieder trafen. Unsere Eltern waren inzwischen gestorben. Die Beuthels hatten zwei Kinder, wir vier. Aus Billy war Bill geworden, und mein Haar wurde allmählich grau, doch sonst schien es fast, als ob die vielen Jahre überhaupt nicht vergangen wären.

Bills Tochter Traci war mit dem Rubenstein-Taybi-Syndrom zur Welt gekommen. Eins von 120 000 Kindern wird mit diesem Problem geboren, das geistige Behinderungen zur Folge hat. Mit ihren 20 Jahren war Traci auf dem Stand eines Erst- oder Zweitklässlers. Man konnte sich kaum vorstellen, was in ihrem Kopf vor sich ging, doch die Beuthels förderten sie, wo immer es nur möglich war. Alle liebten Traci, ein stilles, sanftmütiges Mädchen mit einer leisen Stimme.

Am 21. Juli starb Howard Reid, der Vater von Bills Frau Jan. Ich hatte ihn immer „Captain Reid" genannt, weil er lange Jahre Berufspilot gewesen war. Einmal (er war damals bereits 90 Jahre alt!) hatte er mich sogar zu einem Rundflug in einer einmotorigen Maschine über die Berge um Deer Creek mitgenommen.

Nachdem Howard gestorben war und die Mitarbeiter des Beerdigungsinstituts kamen, um seinen Leichnam abzuholen, fragten sie, ob sie auch seine Schuhe mitnehmen sollten. Sie erklärten seinen Angehörigen, dass die

Füße nach dem Tod anschwellen und es meist unmöglich ist, einer Leiche Schuhe anzuziehen. Man könne sie in den Sarg stellen, doch diese Entscheidung überlasse man der Familie. Jan und ihre Mutter entschlossen sich, Howards Schuhe nicht mit in den Sarg zu geben. Was hätten sie dort auch zu suchen? Der Captain würde nur seine Socken tragen. Damit war die Angelegenheit für die beiden Frauen abgeschlossen.

In dieser Zeit befand sich Traci in einem Sommerferienlager. Vom Tod ihres Großvaters erfuhr sie erst bei ihrer Rückkehr. Natürlich sagten ihre Familienmitglieder dabei nichts von der Sache mit den Schuhen, die ja vollkommen nebensächlich war. Außerdem hätte Traci das Ganze vermutlich ohnehin nicht verstanden.

Als die Familie im Beerdigungsinstitut ankam, fühlte sich Taci unbehaglich und wollte sich dem Leichnam nicht nähern. Sie hatte noch nie einen Toten gesehen und wusste nicht, wie sie damit umgehen sollte, dass sich ihr Großvater nicht mehr bewegte. Jan versuchte ihr zu erklären, dass sie keine Angst zu haben brauchte. Etwa eine halbe Stunde später war Traci dann so weit, an den Sarg heranzutreten. Sie begann, die Hand ihres geliebten Großvaters zu streicheln. Jan bekam mit, wie ihre Tochter leise mit ihrem Großvater sprach. Alles schien in Ordnung zu sein. Natürlich war Jan erleichtert; sie ging hinüber zum Sarg, wo Traci immer noch leise auf den Leichnam einredete.

„Alles in Ordnung?", fragte Jan.

Traci wandte sich zu ihr um und entgegnete leise: „Opa geht es gut, und er hat jetzt Schuhe an." Sie ging weg, ohne auch nur im Leisesten zu ahnen, was sie da gerade gesagt hatte.

Trotz ihrer Begrenzungen sah es so aus, als hätte Traci tatsächlich Kontakt mit ihrem Großvater gehabt – oder mit jemandem, der ihr vermittelte, dass es ihrem Opa gut ging. Weder hatte sie eine solche Botschaft erwartet noch konnte sie sie überhaupt verstehen. Was hatte all das zu bedeuten? Das ist eins der nicht passenden Puzzlestücke, die nicht wirklich zu erklären sind oder in eine der Kategorien passen, über die wir in diesem Buch bisher gesprochen haben.

Normans Geschichte

Pastor Norman Neaves, über den wir in Gary Dages Geschichte schon gesprochen haben, war in Oklahoma geboren worden, und seine Familie war in diesem US-Bundesstaat fest verwurzelt. Als er 3 Jahre alt war, lebte seine Familie auf einer Farm nordwestlich von Chickasha. Sein Großvater starb im August, einem mörderisch heißen Monat, und man hielt die Totenwache. Normans Mutter war völlig aufgelöst, weil ihr Vater nicht so religiös gewesen war, wie er es ihrer Auffassung nach hätte sein sollen. In dieser Nacht lag sie bei offenen Fenstern wach in ihrem Bett und machte sich um das Schicksal ihres Vaters Sorgen. Etwas Ungewöhnliches geschah in dieser Nacht, von dem sie Norman erst Jahre später erzählte, als dieser ihr anvertraute, dass er Pastor werden wollte.

„Norman, ich erzähle dir jetzt etwas, was ich noch keinem Menschen gesagt habe, weil ich immer Angst hatte, alle würden dann glauben, dass ich damals halluziniert habe." Sie gestikulierte wild vor seinem Gesicht herum. „Aber ich habe nicht halluziniert oder mir irgendwelche

Dinge eingebildet. Ich weiß, dass diese Geschichte wahr ist."

Norman beugte sich zu ihr herüber, um alles genau mitzubekommen.

„In dieser Nacht der Totenwache bei meinem Vater konnte ich nicht einschlafen, weil ich mir so viele Gedanken machte. Ich wusste einfach nicht, wo er wohl hingegangen war. Und plötzlich, mitten in der Nacht, flog eine Turteltaube heran und landete auf dem Fenstersims. Sie war ins Mondlicht getaucht und gurrte. Sie flog nicht weg, als ich aufstand, und hatte keine Angst. Ich spürte die Gegenwart von etwas Wunderbarem – als ob der Vogel einen Engel repräsentierte ... oder ... vielleicht irgendwie ... meinen Vater. Der Vogel blieb dort lange sitzen, bis er schließlich davonflog und verschwand."

Norman starrte seine Mutter konsterniert an.

„Ich war hellwach, und es ist wirklich passiert. Ich dachte, wo du jetzt Pastor werden willst, verstehst du das vielleicht."

Jahre gingen nach diesem Gespräch ins Land, Normans Gemeinde wuchs und gedieh, und 1999 leiteten er und seine Frau Kip eine Gruppenreise nach Israel, die am Gartengrab in Jerusalem ihren Abschluss fand. Als sich die Gruppe an dem Grab versammelte, das einige Denominationen für den Ort halten, an dem Jesus die Zeit zwischen Kreuzigung und Auferstehung verbracht hat, hielt Norman eine kurze Predigt, um seine Mitreisenden auf das Abendmahl vorzubereiten, das sie gemeinsam dort halten wollten. In dieser Predigt erzählte er die Geschichte seiner Mutter mit der Taube, die nun schon viele Jahrzehnte lang zurücklag.

Norman war überrascht, dass mehrere Menschen aus der Gruppe zu weinen begannen, während er sprach. Erwachsene Männer wischten sich die Tränen aus den Augen. Norman fand die Geschichte für sich persönlich wichtig, hätte jedoch niemals gedacht, dass sie eine solche Reaktion in der Gruppe hervorrufen würde. Als er das Abendmahl austeilte, drückten ihm viele ihre innere Bewegung aus. Es war ihm ein Rätsel, warum sie diese Geschichte so anrührte.

Nachdem der Gottesdienst mit dem Vaterunser ausgeklungen war, kamen einige Mitreisende nach vorn. Zu dieser Gruppe gehörte auch Gary Dage. Bei ihm standen Jerry Gamble und Jayne Jaroe, die beide weinten. Offenbar waren sie alle tief bewegt.

Jerry fragte Norman: „Haben Sie bei der Predigt denn eigentlich nicht bemerkt, was hinter Ihnen vor sich ging?"

„Nein." Norman schüttelte den Kopf.

„Hinter Ihnen war ein kahler Ast, und zwei Turteltauben sind darauf gelandet", erklärte Jerry. „Die Tauben saßen die ganze Zeit dort, als Sie die Geschichte von Ihrer Mutter erzählt haben. Sie haben immer wieder gegurrt. Einmal haben Sie eine ausladende Geste gemacht, und die Tauben sind ein wenig höher geflogen, aber in dem Baum geblieben. Sie haben die ganze Zeit dort gesessen."

„Und als wir die Augen nach dem Schlussgebet wieder geöffnet haben, waren sie verschwunden", ergänzte Gary Dage.

Der jüdisch-orthodoxe Reiseführer war nun auch mit Tränen in den Augen nach vorn getreten. „Norman", sagte er, „das stimmt! Es waren eindeutig Turteltauben, aber *es gibt keine* Turteltauben in Israel."

Zwei Tauben. Eine für Normans Großvater, eine für Normans Mutter? Wer kann das schon sagen?

Diese Geschichte ist ein Puzzleteil, das nirgendwo hinzupassen scheint, aber was für ein schönes! Solche Dinge veranlassen mich, Geheimnisse außerhalb dessen für möglich zu halten, was ich bisher gesehen habe, und wecken in mir den Wunsch, sie tiefer und besser zu verstehen.

Ich finde es wichtig, dass das, was ich nicht erklären kann, mich nicht an dem zweifeln lässt, was ich weiß. Schließlich und endlich ist es eine Frage des Glaubens. Was wir für wahr halten, zählt für uns. Und die Zeit wird uns Klarheit im Hinblick auf diese letzten Fragen und die nicht passenden Puzzlestücke bringen.

Kapitel 15

Nah am Herzen Gottes

In der Einleitung zu diesem Buch habe ich geschrieben, dass ein Ziel des Buches sei, Ihnen dabei zu helfen, mit der Aussicht auf den Tod fertig zu werden. Mein Wunsch war es, Ihre natürliche Furcht vor der unausweichlichen Realität des Todes in Vertrauen zu verwandeln. Ich sagte Ihnen, dass es meiner Meinung nach möglich sei, den Tod sogar zu feiern. Statt sich vor dem Tal der Todesschatten so lange wie möglich drücken zu wollen, haben Ihnen die Momentaufnahmen hoffentlich den Mut gegeben, Ihrem eigenen Tod gelassener entgegenzusehen. An einer Stelle hielt ich aber auch fest, dass diese Gelassenheit nicht auf die Erlebnisberichte irgendwelcher Menschen gegründet sein sollte, sondern auf den Glauben an die Auferstehung Jesu Christi und sein Angebot des ewigen Lebens. Natürlich ist *alles* eine Sache des Glaubens.

Der Glaube steht jedoch nicht allein. Vor einiger Zeit kam es zu einem Eklat zwischen Papst Benedikt und Islamisten, nachdem der Papst einen Vortrag gehalten hatte, in dem er klarzustellen versuchte, wie wichtig es ist, Glauben und Verstand gleichermaßen zu fördern. Der Inhalt dieser höchst erhellenden Lehrstunde ging leider praktisch unter, als er erwähnte, dass besonders in früheren Zeiten im Islam versucht wurde, Menschen durch das Schwert zu bekehren – aufgrund dieser Bemerkung kam es in vielen islamischen Ländern zu Unruhen. Der Papst sagte aber in dieser Rede etwas sehr Wichtiges, das für die ganze Welt gilt: Die moderne, wissenschaftlich denkende Gesellschaft darf den Glauben nicht verlieren. Gleichzeitig dürfen Glaubensgemeinschaften nicht die Bedeutung des Verstands vergessen, sonst ist das Ergebnis ein blinder Glaube, der sich schnell in Fanatismus verkehrt.[19]

Meiner Ansicht müssen wir daher auf Berichte von Nahtoderfahrungen mit einer gesunden Mischung aus Glauben und Verstand reagieren. Das, was diesen Menschen geschehen ist, können wir nicht beweisen, und daher fällt es in das Gebiet des Glaubens. Wenn wir aber solche Berichte lesen, hören und über sie nachdenken, beschäftigen wir uns verstandesmäßig damit. Ich glaube, dass das Album von Momentaufnahmen, das wir uns angesehen haben, uns Sicherheit und freudige Erwartung schenken kann, wenn das Ende unseres eigenen Lebens heranrückt. Wie Gary Dage es erlebte, bedeutet Sterben, mit solcher Leichtigkeit von dieser Welt in die nächste zu gehen, dass wir nicht einmal wissen, wann wir gestorben sind.

Diese Zuversicht spiegelt sich in den meisten Erfahrungen dieses Buches wider. Wir wollen uns einmal gemeinsam anschauen, wie sie uns ganz nah zum Herzen Gottes mitnehmen.

Nahtoderfahrungen schenken Hoffnung

Während einer *Quantum Mind*-Konferenz im März 2003 gewährte Dr. van Lommel in einem Interview Einblick in seine Gedanken. Als Kardiologe ausgebildet, untersucht Dr. van Lommel hauptberuflich Nahtoderlebnisse. Seine Forschungsergebnisse deuten darauf hin, dass 18 Prozent der Menschen, die an Herzversagen starben und wiederbelebt wurden, in irgendeiner Weise ein Nahtoderlebnis hatten. Fünf Prozent hatten eine intensive Erfahrung. Dr. van Lommel untersuchte diese Frage mit derselben Sorgfalt und Aufmerksamkeit, die er seinen Patienten in seinem ursprünglichen Tätigkeitsfeld zukommen lässt. Weil er sich bewusst auf das einlässt, was während dieser Nahtoderlebnisse geschieht, reden die Patienten sehr offen und vertrauensvoll mit ihm. Er hat viele Geschichten zu erzählen. Hier ist eine davon.

Nach einem Herzanfall wurde ein Mann ins Krankenhaus eingeliefert, der aufgrund von Sauerstoffmangel zyanotisch (blau angelaufen) und bewusstlos war. Um den bewusstlosen Mann intubieren zu können, musste die Krankenschwester seine Zahnprothese entfernen und auf einem Rollwagen ablegen. 90 Minuten lang bemühte sich die Belegschaft um den Patienten. Wenn man einen Patienten nach 5 bis 10 Minuten wiederbeleben kann, können sich alle Körperfunktionen wieder normalisieren. Wenn sich der Wiederbelebungsversuch jedoch länger hinzieht, führt der Sauerstoffmangel zum Verlust wichtiger Gehirnfunktionen und damit zu bleibenden Schäden. Nach einer Woche lag der Patient immer noch tief im Koma und zeigte keinerlei Reflexe. Offensichtlich war er schwer geschädigt.

Eine Woche später kam dieselbe Krankenschwester, die den Mann erstversorgt hatte, als er ins Krankenhaus eingeliefert worden war, in sein Zimmer, um seine Temperatur zu messen. Plötzlich öffnete der Mann die Augen und sagte: „Oh, Sie sind doch die, die meine Prothese herausgenommen und in der Schublade in diesem komischen Wägelchen verstaut hat."

Die Krankenschwester war so verblüfft, dass sie fast ihr eigenes Nahtoderlebnis gehabt hätte. Der Patient redete weiter und beschrieb die Leute, die noch im Raum herumgestanden hatten, während man versucht hatte, ihn wiederzubeleben. Die Krankenschwester glaubte ihren Ohren kaum. Der Patient sagte: „Ich habe verzweifelt versucht, mit Ihnen Kontakt aufzunehmen und zu sagen: ‚Bitte machen Sie weiter, denn wenn Sie jetzt aufhören, werde ich sterben.'"

Nach Dr. van Lommels Bericht war es so, dass der bewusstlose Mann alles hörte, sah und wahrnahm, was um ihn herum geschah. Was löst eine solche Geschichte in Ihnen aus? Mir schenkt sie Hoffnung und Ermutigung. Wenn ich die vollständige Genesung eines Menschen beobachte, gibt sie mir sogar noch zusätzliche Zuversicht.

Ein Blick in die Ewigkeit schenkt persönliche Ermutigung

Jeder Mensch fragt sich, was wohl genau passieren wird, wenn er stirbt, und macht sich darum Sorgen. Es ist ganz natürlich, dass wir Angst davor haben, was uns erwartet, wenn wir unseren letzten Atemzug tun.

Ed Foust war Kaplan bei der US-amerikanischen Luftwaffe, bevor er in einem Hospiz zu arbeiten begann. Als Pastor einer Baptistengemeinde war er in einem Krankenhaus im Mittleren Westen der USA tätig, als er mit

einer schwierigen Situation konfrontiert wurde: Der drei-
jährige Pat war an Leukämie erkrankt, und nichts schien
die Krankheit aufhalten zu können. Ed kam, um mit dem
Kind zu beten und die Familie zu trösten. Der kleine Pat
war eindeutig dem Tod nah, doch seltsamerweise deu-
tete er immer auf eine Ecke des Zimmers, als stünde dort
jemand.

Ed wusste, dass der Tod des Jungen ihn bis an seine
Grenzen beanspruchen würde, und deshalb schaute er
sehr genau hin, was in diesem Raum vor sich ging. Der
Vater war gerade von einem Stuhl aufgestanden, um zu
seinem Sohn zu gehen. Pat sagte etwas, doch es war so
leise, dass es unmöglich zu verstehen war. Der Vater
beugte sich herab und legte sein Ohr direkt an den Mund
seines Sohns. Ed konnte sehen, wie sich die Lippen des
Kindes bewegten. Einen Augenblick hörte der Vater zu
und richtete sich dann plötzlich auf. Sein Gesicht war
aschfahl, und er starrte den Jungen an.

Ed trat zu dem Mann. „Was sagt er?", fragte er.

„Er sagte: ‚Opa, Opa!'", flüsterte der Vater.

„Das ist interessant", sagte Ed nachdenklich.

„Ja." Die Stimme des Vaters zitterte. „Sein Großvater
ist vor fünf Jahren gestorben. Sie sind sich leider nie begegnet."

Am nächsten Tag starb Pat.

Was fängt man mit der Geschichte von einem Kind
an, das einen Großvater wiedererkennt, dem es nie begegnet ist, oder von einem Großvater, der anscheinend
schweigend in der Ecke eines Krankenzimmers steht, um
seinem Enkel in den Himmel zu geleiten? Ich merke, dass
mir diese Szene Zuversicht und Trost spendet. Ich habe
bei vielen Menschen gesessen, als sie die Lebenskraft ver-

ließ. Diese letzten Augenblicke können schwierig und traurig sein, gewöhnlich sind sie einfach nur leise. Doch wenn die Möglichkeit besteht, dass jemand schon auf uns wartet, um uns die Hand zu reichen, gibt uns das Mut, uns ohne Angst dem Tod stellen zu können.

Diese Berichte verhelfen uns zu persönlichem Wachstum

Hin und wieder machen wir eine Erfahrung, die uns veranlasst innezuhalten und unseren Zugang zur Realität zu überdenken. Ist wirklich alles so fest gefügt, wie wir glauben? Oft fordern uns Bücher oder Filme heraus, über unsere gewohnten Denkmuster, unsere Kultur oder Erfahrung hinauszublicken. Wenn wir versuchen, andere Perspektiven, Denkmuster oder Kulturen zu verstehen, wachsen wir innerlich.

Meine Ausflüge in die Welt der Nahtoderfahrungen haben mein Verständnis der Realität erweitert. Ich möchte Ihnen das anhand einer dieser Geschichten erklären.

Ray Wade war Prediger einer Pfingstgemeinde gewesen, bevor er Kaplan einer Hospizgruppe wurde. Zu seinen Patienten gehörte eine Frau, deren Vater früher Reiseevangelist in der Kirche des Nazareners gewesen war. Mit knapp 90 Jahren gehörte sie weder dieser Gemeinde an noch einer anderen. Sie sagte, dass sie Jesus liebte, und damit war es genug. Ihr Sinn für Humor verließ sie bis zu ihrem Lebensende nicht, und glücklicherweise hatte sie keine Schmerzen zu ertragen wie so viele andere Sterbende. Der Krebs hatte ihren Körper geschwächt, und sie hatte nicht mehr viel Zeit, als Wade ihr Zimmer betrat.

Sie erklärte Wade, dass ihre Schwester sie besucht hätte. Wade wusste, dass die Schwester schon vor Jahren gestorben war. Dann berichtete sie weiter, dass auch ihr Mann da sei: „Er sitzt da drüben auf dem Stuhl. Ich möchte Sie gern miteinander bekannt machen." Sie setzte sich auf und sah auf die Wand. „Oh, ich vermute, er ist gerade in den Keller gegangen, aber ich hätte gern, dass Sie ihn kennenlernen."

Kaplan Wade glaubte nicht, dass sie halluzinierte. Mir erzählte er, dass sie seiner Auffassung nach „eine andere Brille aufhatte, die wir nicht tragen können".

Dieser Ausdruck prägte sich mir ein. *Eine andere Brille.* Ich finde, dass diese Worte sehr gut die Veränderung ausdrücken, die in Sterbenden vor sich geht. Der Kaplan hatte keinen Zweifel, dass die Frau bei klarem Verstand war und den Bezug zur Realität nicht verloren hatte. Sie hatte einfach Dinge im Blick, die wir nicht sehen können.

Denken Sie einmal darüber nach. Könnten die bisher gelesenen Geschichten Sie dazu anregen, innerlich zu wachsen oder Ihre heutige Sichtweise des Todes zu verändern?

Diese Berichte bringen uns in Kontakt mit Gott

Die Bibel sagt, dass wir Gottes Kraft in Anspruch nehmen können und er Großes in unserem Leben ausrichten kann. Oft aber zapfen wir diese Kraftquelle erst an, wenn wir uns in einer Notlage befinden. Dann sind wir auch viel eher bereit dazu, sein großes Geschenk anzunehmen. Die Bibel sagt: „Denn die rettende Gnade ist offenbar geworden, und sie gilt allen Menschen. ... [Jesus Christus] hat sein Leben für uns gegeben, um uns von aller Schuld zu befreien und sich so ein reines Volk zu schaffen, das nur ihm gehört und alles daransetzt, das Gute zu tun" (Titus 2,11.14).

Im Wort „Erlösung", das auf den griechischen Begriff *lutron* zurückgeht, schwingt die Vorstellung eines Loskaufs mit, wenn zum Beispiel ein Sklave befreit wurde. Nur wer Gefangenschaft in irgendeiner Form kennt, weiß das Versprechen der Freiheit wirklich zu schätzen. Häftlinge verstehen diese Worte sofort. Menschen, die fast gestorben wären, verstehen sie ebenfalls! Wenn wir einmal vor der letzten Tür stehen, werden wir wissen, dass nur die Kraft Gottes unsere Rettung bewirken kann.

Ich weiß das, weil ich selbst dort gewesen bin.

Ich blickte dem Tod ins Gesicht, als ich 31 Jahre alt war. Jedes Jahr im Herbst litt ich unter heftigen Allergien. In der Erwartung, dass mich die nächste Attacke wie eine Lokomotive rammen würde, arbeitete ich wie gewöhnlich weiter, selbst wenn ich nieste, rote Augen und Halsschmerzen hatte. In jenem Herbst wehte ein besonders heißer Wind, und bald bekam ich stechende Rückenschmerzen und dazu erhöhte Temperatur. Ich fühlte mich schrecklich, arbeitete aber weiter. Am Sonntagmorgen predigte ich, kündigte die Kollekte an und hoffte, dass mein rot geschwollenes Gesicht vielleicht die Spendenfreudigkeit der Gemeindemitglieder erhöhen würde.

Als ich auch in der zweiten Woche noch Fieber hatte, kam ein Arzt aus unserer Gemeinde auf mich zu und sagte mir, dass so lange anhaltendes Fieber unbedingt ein Grund sei, sich untersuchen zu lassen. Dr. Charles Harvey war ein ausgezeichneter Internist und meinte, ich solle zu ihm in die Praxis kommen. Widerstrebend stimmte ich zu. Am Dienstag ging ich in seine Praxis, und er untersuchte mich gründlich. Die Ergebnisse diverser Tests würde er mir später mitteilen. Danach ging ich natürlich zurück in mein Büro und arbeitete weiter.

Dr. Harvey rief mich am Spätnachmittag an, um mir mitzuteilen, dass ich bisher zwar nicht auf ihn gehört hätte, aber nun die Zeit gekommen sei, seinen Anweisungen aufmerksam zu folgen. Meine Allergie hatte eine Sekundärinfektion entstehen lassen. Ich litt unter einer akuten Nephritis, einer Nierenentzündung, die das Funktionsgewebe befallen hatte, was bedeutete, dass das gesamte Organ erkrankt war. Dr. Harvey machte sich Sorgen, dass meine Nieren versagen oder zu schrumpfen beginnen könnten. Damals begriff ich nicht, wie ernst mein Zustand war, doch Dr. Harvey überzeugte mich, dass ich sofort nach Hause gehen und mich ins Bett legen müsste.

Sehr schnell verschlechterte sich mein Zustand, und bald schlief ich 20 Stunden am Tag. Ich begann Doppelbilder zu sehen und konnte nicht mehr lesen. Mein Rücken schmerzte fürchterlich, und nichts brachte mir Erleichterung. Dr. Harvey erklärte mir, dass das Problem aufgrund der Sekundärinfektion schwierig zu behandeln sei. Vielleicht handelte es sich sogar um eine urämische Vergiftung. Man begann über Dialyse zu reden, die damals noch nicht sehr verbreitet war. Schließlich schlug mir Dr. Harvey vor, mich ins Krankenhaus einzuweisen, um dort eine Untersuchung mit einem Kontrastmittel vornehmen zu lassen, damit die Ärzte sehen konnten, was in meinen Nieren vor sich ging. Er warnte mich, dass die Untersuchung starke Schmerzen verursachen könnte.

Die Medizintechniker rollten mich auf einer Trage in den Untersuchungsraum und stachen mir eine Nadel in den Arm, um das Kontrastmittel zu injizieren. Es fühlte sich an, als ob sie flüssiges Feuer in meinen Arm gossen. Als ich zur Wand blickte, sah ich ein großes Kruzifix (es handelte sich um ein katholisches Krankenhaus). Ich entschloss mich, meine Aufmerksamkeit auf das Leiden Christi zu richten und zu versuchen, mich mit dem schrecklichen Kampf zu identifizieren, den er am Kreuz auf sich genommen hatte, in der Hoffnung, das würde mich von meinen Schmerzen ablenken. Zu meiner Überraschung entdeckte ich, dass es tatsächlich half. Je mehr ich versuchte, mich mit dem zu identifizieren, was mit Jesus Christus geschehen war, desto mehr schienen meine eigenen Schmerzen zu verblassen. Als die Röntgenuntersuchung abgeschlossen war, hatte ich mich so in diese Meditation vertieft, dass ich kaum bemerkte, dass alles vorbei war. Als mich meine Frau nach Hause fuhr, saß ich tief in Gedanken versunken im Auto. Das eben Erlebte hatte mich überrascht.

Im Lauf der nächsten Tage verschlechterte sich mein Zustand noch weiter. Eines Nachmittags wachte ich auf und entdeckte, dass meine Frau ein großes aufgeschlagenes Buch auf den Nachttisch gelegt hatte, während ich schlief. Es sah aus wie ein Lexikon. Weil ich immer noch doppelt sah, fiel mir das Lesen schwer, doch ich begriff, dass sie offensichtlich zur Bibliothek gegangen war und ein medizinisches Fachbuch ausgeliehen hatte, in dem mein Zustand beschrieben war. Als ich las, was sie mit Bleistift unterstrichen hatte, begriff ich, dass ich *im Sterben lag*.

Die Aussicht, nicht mehr lange zu leben, jagte mir keine Angst ein, weil mir mein christlicher Glaube ewiges Leben versprach, doch ich hatte das Gefühl, völlig isoliert zu sein. Mir kam es so vor, als beobachte ich eine Parade, die die Straße hinabzieht und um die Ecke biegt, während ich allein zurückbleibe. Meine Kinder würden heranwachsen, doch ich würde es nicht erleben. Jemand anders würde meine Tochter zum Traualtar geleiten, wenn sie einmal heiratete. Die Lichter in meinem Schlafzimmer waren ausgeschaltet, und Dunkelheit senkte sich über mich. Ich fühlte mich leer.

Ich wollte nicht sterben.

Noch nie hatte ich jemand ernsthaft darüber sprechen hören, dass Gott manchmal eingriff und Menschen heilte. Ich sah keine Hoffnung mehr – bis ich mich an das Kruzifix im Krankenhaus erinnerte.

Ganz gewiss war etwas Bedeutsames mit mir geschehen, als ich auf dem Röntgentisch lag. *Vielleicht hat meine Konzentration auf den leidenden Christus etwas bewirkt*, dachte ich mir. Möglicherweise sollte ich noch einmal versuchen, mich in die Kreuzigung zu vertiefen. Bibelabschnitte, die ich Jahre zuvor auswendig gelernt hatte, schossen mir durch den Kopf. Aus dem Buch des Propheten Jesaja stammten die Worte: „In Wahrheit aber hat er die Krankheiten auf sich genommen, die für uns bestimmt waren, und die Schmerzen erlitten, die wir verdient hatten. Wir meinten, Gott habe ihn gestraft und geschlagen; doch wegen unserer Schuld wurde er gequält und wegen unseres Ungehorsams geschlagen. Die Strafe für unsere Schuld traf ihn und wir sind gerettet. Er wurde verwundet und wir sind heil geworden" (53,4-5).

Diese Worte gingen mir immer und immer wieder durch den Kopf. Plötzlich kam mir aus dem Nichts ein Vers aus dem Neuen Testament in den Sinn: „Durch seine Wunden seid ihr geheilt worden" (1. Petrus 2,24). Ich streckte die Hände aus und sagte leise immer wieder: „Jesus, Jesus, Jesus." In meiner Vorstellung baute sich eine Szene auf. Ich konnte Jesus Christus am Kreuz sehen, wie ich ihn am Kruzifix an der Wand gesehen hatte. Es war, als ob ich im Jahr 33 nach Christus vor dem Kreuz stünde und zu Jesus aufblickte, der dort mit ausgestreckten Armen am Kreuz hing, in derselben Haltung, in der ich im Bett lag. Plötzlich hing ich mit Christus am Kreuz. Ich war in Christus und Christus war in mir.

Worte aus dem Neuen Testament gingen mir durch den Kopf: „Weil ich aber mit Christus am Kreuz gestorben bin, lebe in Wirklichkeit nicht mehr ich, sondern Christus lebt in mir. Das Leben, das ich jetzt noch in diesem vergänglichen Körper lebe, lebe ich im Vertrauen auf den Sohn Gottes, der mir seine Liebe erwiesen und sein Leben für mich gegeben hat" (Galater 2,19-20). Es war, als ob Robert Wise und Jesus Christus zusammen starben, und doch war ich weitaus lebendiger, als ich jemals gewesen war. Ich habe keine Ahnung, wie lange ich diesen Gedanken nachhing und mich in seiner Liebe verlor.

Langsam verblasste die Szene vor meinem inneren Auge, doch ich öffnete meine Augen nicht. Ohne mich zu rühren, ruhte ich mich in dem Bewusstsein aus, dass gerade etwas Bedeutsames geschehen war, etwas Größeres, als ich mir jemals hätte träumen lassen. In diesem Augenblick spürte ich, wie helles Licht mein Zimmer erfüllte. Ich hielt die Augen geschlossen, doch das Licht wurde so hell, dass ich blinzeln musste. Es fühlte sich an, als wäre ich im Hochsommer am Strand; das Licht durchflutete meinen Körper und erfüllte mich mit neuer Lebenskraft. Ich konnte buchstäblich spüren, wie es im Zimmer und in mir wärmer wurde. Mein Körper fühlte sich an, als sei er in Licht gehüllt, doch dieses Licht drang auch bis in den innersten Kern meines Seins vor.

Ich kann nicht sagen, ob dieser Zustand Minuten oder Stunden andauerte. Schließlich döste ich ein. Gewöhnlich schlief ich einmal rund um die Uhr bis zum nächsten Nachmittag, doch dieses Mal wachte ich am nächsten Morgen gegen 10:00 Uhr auf. Ich war erstaunt, weil ich mich so gut und frisch fühlte. Vorher war mir jede Bewegung schwergefallen, doch nun war ich ganz munter. Auf dem Nachttisch lag eins meiner Bücher, das ich mir nahm. Zu meiner Freude sah ich nicht mehr doppelt und fing an zu lesen.

Das Telefon klingelte.

„Hier ist die Praxis Dr. Harvey", sagte die Schwester. „Es tut mir leid, wenn ich Sie aufgeweckt habe, aber der Doktor hätte gerne noch eine Urinprobe. Wir schicken in ein paar Minuten jemanden vorbei. Ich möchte nur, dass Sie Bescheid wissen."

Ich dankte der Krankenschwester und las weiter. Ich bin immer eine Leseratte gewesen, und es war so schön, wieder deutlich sehen zu können. Bald kam jemand vorbei, um die Urinprobe abzuholen, und ich wandte mich wieder meinem Buch zu. Nach etwa einer Stunde klingelte das Telefon wieder.

„Hier ist noch einmal die Praxis Dr. Harvey", sagte die Schwester. „Da ist etwas schiefgelaufen. Wir brauchen noch eine weitere Probe. Tut mir leid, Sie noch einmal zu stören, aber es ist schon jemand auf dem Weg, um sie abzuholen."

Bald darauf kam der Bote, ging wieder, und ich las weiter. Es dauerte eine Weile, bis ich begriffen hatte, dass etwas ungewöhnlich war. Mittags stand ich auf und ging in die Küche, um mir eine Suppe zuzubereiten. Das hatte ich so lange nicht gemacht, dass ich erst allmählich begriff, dass ich mich so gut fühlte wie schon seit Wochen nicht mehr. Etwa um diese Zeit klingelte das Telefon noch einmal.

„Hier spricht Charles Harvey", meldete sich der Doktor diesmal selbst, und seine Stimme klang gereizt. „Sie hören ja sowieso nicht auf mich, aber was geht hier vor? Ist das ein Scherz oder was?"

„Bitte?" Ich blinzelte einige Male.

„Haben Sie mir Tee geschickt?", fragte Dr. Harvey mit gereizter Stimme.

„Was?", protestierte ich. „Ich verstehe nicht, was Sie meinen."

„Hören Sie mal", sagte Dr. Harvey. „Diese Urinproben von Ihnen sind alle normal. Kein Albumin, kein Protein, nichts Ungewöhnliches. Das kann nicht sein. Die Tests sagen, dass Sie kerngesund sind."

Als ich auflegte, traf es mich wie ein Blitz: Ich war gesund!

Es sollte noch sechs Monate dauern, bis ich wieder vollkommen bei Kräften war, aber ganz eindeutig lag ich nicht mehr im Sterben. Und was war mit den schrumpfenden Nieren passiert? Wenn das Nierengewebe einmal zu schrumpfen beginnt, lässt sich dieser Prozess nicht mehr umkehren. Damals gab es noch keine Nierentransplantationen. Man versuchte, betroffene Patienten so lange wie möglich mit Dialyse am Leben zu halten. Doch meine Nieren funktionierten wunderbar. *Ich bin einfach gesund geworden.*

In meiner Geschichte geht es nicht um ein Nahtoderlebnis, weil ich im Gegensatz zu den anderen Geschichten die Linie jenseits unseres Lebens nicht überschritten habe. Es war aber insofern ein Nahtod, als ich wirklich dem Tod nah war. Näher, als ich ihm jemals kommen wollte. Ich spürte, wie es sich anfühlt, diese Welt hinter mir zu lassen, und ich wusste, dass kein Mensch etwas tun konnte, um den Lauf der Dinge aufzuhalten. Die Mediziner versuchten es, doch meine Erkrankung entzog sich ihrem Können. Ich glaube, ich wäre dieser Krankheit nicht entkommen, wenn Gott nicht eingegriffen hätte.

Glaube ich, dass Gott die Macht hat, uns zu retten? Kann das Kreuz Jesu Christi uns vom Rand des Abgrunds zurückholen? Absolut.

Diese Momentaufnahmen stärken uns in unseren Überzeugungen

Es ist eine Sache, in der Kirche zu sitzen und zuzuhören, wie ein Prediger uns eine Liste von Möglichkeiten verspricht. Es ist eine ganz andere Sache zu glauben, dass das alles wahr ist, wenn wir um zwei Uhr morgens im Stockdunkeln im Bett liegen.

Meist halten wir an unseren Glaubenssätzen erst dann richtig fest, wenn sie im Feuer geprüft worden sind. Wenn wir schwere Zeiten durchmachen müssen, halten nur die Überzeugungen stand, die wahrhaftig sind. Im 1. Petrusbrief hören wir: „Deshalb seid ihr voll Freude, auch wenn ihr jetzt – wenn Gott es so will – für kurze Zeit leiden müsst und auf die verschiedensten Proben gestellt werdet. Das geschieht nur, damit euer Glaube sich bewähren kann, als festes Vertrauen auf das, was Gott euch geschenkt und noch versprochen hat" (1. Petrus 1,6-7). Erst wenn die Schlacht geschlagen ist, sind wir dankbar für das, was wir mit ihr erreicht haben. Trotzdem ist alles, was Dinge, die wir glauben, in Überzeugungen verwandelt, den Konflikt wert.

Ich möchte Ihnen dafür ein Beispiel geben.

Zum ersten Mal begegnete ich Cecil Henson als Teenager. Meine Schwester ging mit seinem Sohn aus, und ich fand Cecil faszinierend. Er war brillant, scharfsinnig, aber auch irgendwie *anders*. Ich konnte kaum sagen, was genau es war, aber er schien mir Dinge genauer wahrzunehmen als die meisten anderen Leute, die ich kannte. Er war sanftmütig und weise. Ich wusste nicht genau, warum, aber ich ahnte, dass Cecil etwas ganz Besonderes an sich hatte. Eines Nachmittags erfuhr ich den Grund.

Cecil erzählte mir, was ihm 1941 zugestoßen war: Seine Frau starb bei der Geburt ihres Sohnes Van, und er trauerte so sehr, dass er nicht einmal in der Lage war, das Baby selbst zu versorgen. Van wuchs in der Obhut von Cecils Schwester auf, während Cecil versuchte, mit seinem Verlust fertig zu werden. 1941 hatte er so schlimme Magengeschwüre, dass er sich einer größeren Operation unterziehen musste. Sie verlief nicht gut, und Cecil ging es sehr schlecht. Die Operationswunden in seinem Unterleib brachen auf, und seine Eingeweide quollen hervor. Das kleine Krankenhaus, in dem Cecil lag, war auf so etwas nicht vorbereitet, und das Undenkbare geschah:

Cecil Henson starb.

Ich war sehr erstaunt, als Cecil mir erzählte, was *nach* seinem Tod geschah. Es war meine erste Nahtodgeschichte. Cecil schilderte, wie er aus der Finsternis hinaus und in eine andere Welt trat, wo sich ihm eine Unmenge von Händen entgegenstreckte, um ihn aus dem Sumpf herauszuziehen, in dem er steckte. Viel später entdeckte Cecil, dass in diesem Augenblick viele Menschen für ihn gebetet hatten, und im Nachhinein interpretierte er die ausgestreckten Hände als Antwort oder Verkörperung dieser Gebete.

Nach einer Reihe von unglaublichen Erlebnissen kam Cecil an einen Ort, wo er sich entscheiden musste, ob er im Himmel bleiben oder wieder auf die Erde zurückkommen wollte. Der unglaubliche Friede und das Gefühl des Wohlergehens, das ihn einhüllte, machte ihm diese Entscheidung schwer.

Und dann begegnete er dem auferstandenen Jesus Christus. Sein Gesicht strahlte unbeschreibliche Liebe aus, und es wurde von einer Art innerem Licht erhellt. Cecil starrte ihn erstaunt an, und dann begann sich sein Gesicht zu verändern. Er bemerkte, dass es aussah wie ein Zeitungsbild in schlechter Auflösung. Form und Schattierungen dieses Gesichts wurden von Tausenden kleinen Punkten gebildet.

Während er zusah, wuchsen die Punkte, aus denen sich das Gesicht von Jesus zusammensetzte, und traten hervor. Einer der Punkte trieb direkt auf Cecil zu, und er begriff, dass es sich ebenfalls um ein *Gesicht* handelte, das Gesicht einer Frau, die ihm viele Jahre zuvor entscheidend weitergeholfen hatte. Dann trat das Gesicht der Frau wieder in den Hintergrund, und ein anderer Punkt kam auf ihn zu. Dieser war das Gesicht eines Mannes, der Cecil als Kind in der Sonntagsschule betreut hatte. Weitere Punkte traten hervor, einer nach dem anderen, und fügten sich dann wieder in das Gesicht von Jesus ein. Jeder stand für einen Menschen, der Cecil geholfen und bedingungslose Liebe gezeigt hatte. Er war vollkommen fasziniert. All die Menschen, die Cecil im Lauf der Jahre Liebe und Zuneigung gezeigt hatten, bildeten gemeinsam das Antlitz von Jesus!

In diesem Augenblick wusste Cecil Henson, dass er auf die Erde zurückkommen musste und dass es eine seiner Aufgaben war, seinem Sohn Van zu helfen, ein Mann nach dem Herzen Gottes zu werden. Diese erstaunliche Begegnung geschah, als Cecil *tot war* ... bevor er zurückkehrte, um diese Geschichte Leuten wie mir zu erzählen.

Nachdem ich mir das gesamte Erlebnis angehört hatte, verstand ich, warum Cecil so anders war. Wie andere Überlebende einer Nahtoderfahrung fürchtete er sich nicht mehr vor dem Tod. Und von da an erfüllte eine große Ruhe sein Leben, während er voller Entschlossenheit versuchte, den Weg zu gehen, den Jesus Christus vorgelebt hatte.

Seine Geschichte stärkte meinen Glauben ganz ungemein.

Jahre später stand ich an Cecils Bett, als er im Sterben lag. In diesem Augenblick musste ich an das wunderbare Gesicht unseres Erlösers denken, das Cecil jetzt bald wieder sehen würde.

Unterm Strich

Ich begann dieses Kapitel mit der Beobachtung, dass die meisten Dinge, die wir hier besprochen haben, letzten Endes eine Sache des Glaubens sind. Weiter bin ich der Überzeugung, dass wir Glauben und Verstand zusammenbringen müssen, um aus beiden den größtmöglichen Nutzen zu ziehen. Hier nun eine kleine Geschichte, die auf ihre Art ein kleines Gleichnis zum Thema darstellt.

Als ich noch das theologische Seminar besuchte, bot sich mir die Gelegenheit, Dr. E. Stanley Jones kennenzulernen. Der Arzt hatte in den 1940er und 50er-Jahren als Missionar in Indien gearbeitet. Die tiefe Spiritualität dieses brillanten Mannes berührte Tausende von Menschen in diesem Land in seinen einwöchigen Konferenzen, „Aschrams" genannt. Ich hörte ihn folgende Geschichte erzählen:

Unmittelbar nach Ausbruch des Zweiten Weltkriegs befand sich Dr. Jones in China, als die Japaner mit ihrer Invasion begannen. Er wusste, dass er möglicherweise den gesamten Krieg dort verbringen müsste, wenn es ihm nicht gelang, China schnell zu verlassen. Dr. Jones schaffte es, sich einen Platz auf dem letzten Frachter, der China verließ, zu sichern, und er brachte auch einige seiner Besitztümer an Bord, weil er wusste, dass es lange dauern würde, bis er Indien erreichte. Das alte Schiff schipperte langsam von Hafen zu Hafen, während Dr. Jones nur ungeduldig das Beste hoffen konnte. Die Route um das heutige Vietnam und Thailand zog sich in die Länge. Zuletzt mussten sie noch Birma hinter sich bringen, um schließlich Indien zu erreichen.

Es gehörte zu Dr. Jones' Gewohnheiten, nicht nur um Bewahrung zu bitten, sondern auch darauf zu hören, was ihm der Heilige Geist sagen würde. Als das Schiff in einen der entlegenen Häfen einlief, wohin kein Reisebüro ihre Kunden jemals schicken würde, betete Dr. Jones wie gewöhnlich. Gott antwortete ihm und sprach zu seinem Verstand und seinem Herzen.

„Verlass dieses Schiff", sagte der Heilige Geist.

Dr. Jones war verwirrt. In diesem Hafen zu stranden war fast so schlimm, wie in China festzusitzen! Er musste sich verhört haben.

„Verlass dieses Schiff", wiederholte der Heilige Geist.

Weil Dr. Jones auf das zu hören pflegte, was ihm seiner Meinung nach der Heilige Geist sagte, ließ er, wenn auch widerstrebend, all seine Besitztümer vom Schiff abladen und am Kai aufstapeln. Inmitten seiner weltlichen Güter stehend beobachtete Dr. Jones, wie der Frachter in die Andamanensee hinausfuhr. Er fühlte sich wie ein Narr und wusste, dass es nun noch schwieriger geworden war, nach Indien zu gelangen.

Als das Schiff knappe zwei Kilometer von ihm entfernt war, erreichte ein furchterregendes Brüllen die Küste, während Feuer und Rauch plötzlich die Luft erfüllten. Ein japanisches U-Boot hatte das Schiff torpediert; es sank und riss alle Passagiere mit in den Tod.

Als Dr. Jones diese Geschichte am Seminar erzählte, schoss sofort eine Hand in die Luft. „Wollen Sie damit sagen, dass Sie der Einzige waren, mit dem Gott gesprochen hat?", fragte der Mann.

„Nein, Sir", entgegnete Dr. Jones lakonisch. „Aber ich war offenbar der Einzige, der zugehört hat."

Teil 3

Mit den Bildern arbeiten

Wer Ohren hat zu hören, der höre! Und er sprach zu ihnen:
Seht zu, was ihr hört!
Markus 4,23-24 (L84)

Der dritte Teil des Buches wird sich darauf konzentrieren, wie wir Sterbenden helfen können, und zwar auf der
Grundlage unserer Momentaufnahmen aus der Ewigkeit.
Die Bilder können uns das nötige Rüstzeug an die Hand
geben, um Menschen beizustehen, wenn sie diese Welt
verlassen und sich auf den Weg in die Stadt über allen
anderen Städten machen.

So erstaunlich es klingen mag: Jeder von uns besitzt
die Fähigkeit, Kranken und Sterbenden neues Leben zu
vermitteln. Wenn wir wirklich etwas bewirken wollen,
müssen wir ihnen aufmerksam zuhören. In den folgenden Kapiteln finden Sie dazu manches Material.

Kapitel 16

Wer Ohren hat zu hören ...

Menschen, die sich um Sterbende kümmern, können die Fähigkeit entwickeln, ihnen so beizustehen, dass sie wirklich etwas bewirken. Einer der ersten Schritte besteht darin, zuzuhören zu lernen, und zwar auf allen Ebenen, auf denen der Sterbende etwas mitteilen will.

Für viele Menschen erweist sich dies als schwierige Aufgabe. Menschen mit starker christlicher Überzeugung, egal wo sie auf dem theologischen Spektrum einzuordnen sind, fällt es manchmal schwer, ihre eigene Meinung zurückzuhalten. Unterm Strich bedeutet das, dass wir die Bedürfnisse des Patienten vor unsere eigenen stellen müssen.

Vom Glauben erzählen

Wenn wir Sterbenden Frieden vermitteln wollen, besteht unser erstes Ziel darin, ihnen dabei zu helfen, ihr letztgültiges Ziel zu entdecken. Viele Menschen erreichen das Ende ihres Lebens, ohne sich über dieses Ziel im Klaren zu sein. Sie sind nicht zur Kirche gegangen oder haben die christliche Botschaft nie so gehört, dass es für sie Sinn ergab. Die Zeit verging, und eines Tages war das Ende in Sicht. Woran können sie sich festhalten?

Viele Menschen, die sich nicht als Christen betrachten, akzeptieren dennoch die Bibel als letztgültige Quelle des Sinns und der Wahrheit. Ich habe oft erlebt, wie Sterbende mir aufmerksam zugehört haben, wenn ich ihnen Stellen aus der Bibel vorgelesen habe, in denen es um die letzten Dinge ging. Kaplane und andere Leute, die mit Sterbenden arbeiten, lernen deshalb oft Bibelverse auswendig, die die Verheißung ewigen Lebens deutlich herausstellen. Viele Menschen haben als Kinder Johannes 3,16 auswendig gelernt: „So sehr hat Gott die Welt geliebt ..."; das ist die zentralste Aussage der ganzen Bibel. Wenige Worte vermitteln so viel Hoffnung wie diese kleine Bibelstelle. Das gesamte dritte Kapitel des Johannesevangeliums spricht von dem Geschenk, das Jesus Christus der Welt machte. Das Kapitel endet mit den Worten: „Wer sich an den Sohn hält, *hat* das ewige Leben" (Johannes 3,36; Hervorhebung des Autors). Sich an diese Abschnitte zu erinnern oder sie zum ersten Mal zu hören, schenkt Menschen Klarheit und Wegweisung.

In Kapitel 4 erwähnten wir das Thema, das Johannes in seinem ersten Brief entfaltet: „Diese [Aussage] besagt: Gott hat uns ewiges Leben gegeben, und wir erhalten dieses Leben durch seinen Sohn. Wer den Sohn Gottes hat, hat auch das Leben" (1. Johannes 5,11-12). Eine Verheißung, die über eine zeitliche Entfernung von 2000 Jahren noch deutlich zu uns spricht und auch am Sterbebett etwas zu sagen hat, besitzt die Kraft, schwindende Hoffnung zu beflügeln und die Zuversicht zu schenken, dass Gott nach dem Tod eine wunderbare Zukunft für uns bereithält. Ich habe vielen Menschen, die am Ende ihres Lebens angekommen waren, diese

Verse vorgelesen und beobachtet, wie ihre Augen glänzten.

Eine ähnliche Reihe von Verheißungen und Erläuterungen stammt aus Paulus' Brief an die Römer. Der Apostel erklärt dort, wie der Tod von Jesus Christus alle Fragen in unserem Leben, die uns Sorgen machen und in Zweifel stürzen, zudeckt. Jeder dieser Verse erläutert einen wichtigen Aspekt der Erlösung, die jedem von uns angeboten wird. Römer 3,23 erklärt zum Beispiel, dass niemand von uns es schafft, so zu leben, wie Gott es möchte. Römer 6,23 stellt die Konsequenz dieser Tatsache dar, die wir naturgemäß tief in uns spüren, wendet unser Augenmerk jedoch auch auf das Geschenk des Lebens, das Gott uns anbietet. Römer 5,8 gibt uns die Zuversicht, dass dieses Geschenk von Gottes Liebe und Annahme schon jetzt gilt, weil Jesus Christus für jeden von uns starb. Schließlich schenkt uns Römer 8,33-35 die absolute Gewissheit, dass nichts uns von Gottes Gnadengeschenk trennen kann.

Wenn wir diese biblische Geschichte mit unseren eigenen Worten formulieren und Sterbenden weitergeben, kann sie das aus Angst und Verwirrung befreien. Ich durfte schon oft beobachten, wie die Gute Nachricht die Sichtweise eines verzweifelten Menschen komplett umdreht. Solch eine Wende ist besonders dramatisch und wichtig, wenn der Betreffende dem Tod nah ist. Meiner Erfahrung zufolge ist die beste Vorgehensweise, vorsichtig dem Pfad zu folgen, den ihre Fragen vorgeben. Unsere Aufgabe besteht nicht darin, dem anderen einen bestimmten Standpunkt aufzuzwingen, sondern ihm seine Fragen zu beantworten. Die Aussage „Bekehr dich, oder du fährst zur Hölle!" ist etwa so hilfreich, wie

Bomben zu werfen, um den Frieden zu sichern! Der gesamte Prozess beginnt damit, dass wir genau zuhören, bevor wir selbst reden.

Die Krankenschwester Patricia Ackerson entdeckte, wie wichtig es ist, Menschen dabei zu helfen, die Linie zwischen Leben und Tod mit geistlicher Zuversicht zu überqueren. Als wir über ihre Arbeit mit Sterbenden sprachen, erzählte mir Patricia, sie habe herausgefunden, dass Menschen den genauen Zeitpunkt ihres Sterbens stärker beeinflussen können, als wir manchmal glauben. Es kommt oft darauf an, ob sie in geistlicher Hinsicht bereit sind. Die Bibel weist zwar darauf hin, dass alle unsere Tage in Gottes Buch festgehalten sind, so Patricia, sie sagt jedoch nichts über die Stunden. Die letzten Augenblicke liegen möglicherweise viel mehr in unserer Hand, als wir begreifen.

Eine von Patricias Patientinnen lag schon geraume Zeit im Koma. Nun hatte sich ihre Familie in Erwartung ihres Todes an ihrem Bett versammelt. Doch die Patientin klammerte sich ans Leben. Auf einem schwarzen Motorrad irgendwo auf einer Autobahn befand sich einer ihrer Söhne, der auf Abwege geraten war und den sie lange nicht gesehen hatte. Ärzte und Verwandte standen um das Bett herum, während die Uhr tickte. Endlich kam der Sohn, der aus Kalifornien herbeigeeilt war, ins Krankenzimmer gestürmt. Zwanzig Minuten später starb die Frau. Familie und Freunde glaubten, dass sie ihren Abschied so lange hinauszögerte, bis sie ihren Sohn noch einmal wieder bei sich gehabt hatte.

Aufgrund solcher Erfahrungen begann Patricia Ackerson, mit solchen Patienten ein besonderes Gebet zu sprechen. Sie legte ihre Hand auf die Stirn des Patienten und sprach einen biblischen Segen: „Der Herr segne dich und beschütze dich! Der Herr blicke dich freundlich an und schenke dir seine Liebe! Der Herr wende dir sein Angesicht zu und gebe dir Glück und Frieden. Nun und für alle Zeit, amen." Unseren Glauben so weiterzugeben kann unsicheren Menschen in einer Krise sehr viel Mut machen.

Sterbenden zuhören

Das Wichtigste, was wir tun können, wenn jemand im Sterben liegt, ist zuzuhören.

Haben wir genug Respekt vor dem Betreffenden, um ihn und seine letzten Worte ernst zu nehmen? Nehmen wir die Erfahrungen und Geschichten sterbender Menschen wichtig genug, wenn sie zu sprechen versuchen? Zwar scheint es offensichtlich, dass wir einen Sterbenden respektieren, doch ist das häufig gar nicht der Fall. Oft unterhalten wir uns in ihrer Gegenwart so, als ob sie weder hören noch verstehen könnten, was gesagt wird.

Das kann dazu führen, dass sich der Patient missverstanden und allein fühlt. Wenn wir am Bett eines Sterbenden stehen, müssen wir mit derselben Intensität zuhören, die wir in ein normales Gespräch investieren, vielleicht sogar noch mehr. Das gilt immer – ob der Sterbende nun unzusammenhängende Worte sagt, letzte Ratschläge zu erteilen versucht oder einfach nur über das Wetter redet.

Rick Haug, Prediger einer Pfingstgemeinde und Hospizkaplan, erzählte mir die Geschichte von Eva. Ihr ganzes Leben lang war Eva eine fromme Katholikin gewesen. Als sie 90 Jahre alt wurde, waren aber praktisch alle ihre Angehörigen verstorben, und sie wusste es sehr zu schätzen, dass Rick sich um sie kümmerte, weil es niemand anders sonst tat.

Als ihr Ende herannahte, richtete sie ihren Blick auf eine Zimmerecke. Leise nannte sie sämtliche ihrer verstorbenen Angehörigen beim Namen, als stünden sie alle dort oder warteten jenseits der Wand. Von Zeit zu Zeit streckte Eva die Hand aus, als ob sie jemand ergriffe. Drei Tage lang führte sie diese intensiven Gespräche mit unsichtbaren Menschen. Eva erzählte Rick auch, dass sie einmal Jesus Christus gesehen hätte, und dieses Erlebnis hinterließ bei ihr einen nachhaltigen Eindruck.

Rick blieb in diesen letzten Tagen bei ihr und erlebte all das mit eigenen Augen und Ohren. Er hörte ihr auf dem Sterbebett zu und half mit, ihr Sterben hoffnungsvoller und friedlicher zu machen.

Seht zu, was ihr hört!

„Seht zu, was ihr hört!", schärfte uns Jesus ein (Markus 4,24; L84). Wenn wir diese Momentaufnahmen der Ewigkeit mit offenen Augen betrachten, kann uns das auch helfen, mit unseren Ohren besser zu hören.

In diesem Kapitel haben wir darüber geredet, wie man Sterbenden von seinem Glauben erzählt und ihnen Mut zuspricht, während man gleichzeitig auf das hört, was sie zu vermitteln versuchen. Unser Verhalten muss auf Liebe, Mitgefühl und Hoffnung gegründet sein, und vor allem müssen wir viel Geduld aufbringen. Sterbende brauchen diese emotionale, psychologische und geistliche Unterstützung.

Während der Recherchen für dieses Buch traf ich mich mit einer Gruppe von Kaplänen aus dem *Preferred Hospice* in Oklahoma City und lernte eine weitere Lektion darüber, wie wichtig es ist, auch jenen Patienten zuzuhören, die unserer Auffassung nach Halluzinationen haben. Diese Kapläne brachten den Punkt zur Sprache, dass die Angehörigen von Sterbenden den Betreffenden im Allgemeinen gut kennen und sehr genau sagen können, wann er halluziniert und wann nicht. Familienangehörige merken sofort, wenn ihre Angehörigen unter dem Einfluss von Medikamenten stehen, die Halluzinationen verursachen.

Im Lauf ihres ganzen Berufslebens hatte keiner der sechs Kapläne jemals erlebt, dass ein Familienangehöriger die Erlebnisse verneinte oder ablehnte, von denen sein sterbender Verwandter erzählte, auch wenn dieser auf einen Außenstehenden den Eindruck machte, nicht mehr im Vollbesitz seiner geistigen Kräfte zu sein.

Damit wird noch einmal bekräftigt, dass wir aufmerksam darauf hören müssen, was uns die Sterbenden zu sagen haben. Selbst wenn es für unsere verstandesorientierten, modernen Ohren unsinnig klingt, kann es wichtig sein. Wir wollen aufmerksam zuhören und darauf achten, was wir hören!

Kapitel 17

Himmels-Bewusstsein

Charlotte Lankard ist eine bekannte Ehe- und Familien-
therapeutin und seit einigen Jahren als Kolumnistin in
Oklahoma City tätig. Sie machte mich mit ihrem Cousin
Gary Lower bekannt, weil sie wollte, dass ich die Geschichte vom Tod seiner Mutter hörte. Gary Lower, ein
Mann mit auffallend maskuliner Ausstrahlung, arbeitete
als Leichtathletiktrainer an der Universität von Oklahoma und rekrutierte Spieler für das Footballteam. 23
Jahre lang war er für die *Fellowship of Christian Athletes*
(„Gemeinschaft christlicher Sportler") tätig. Der Tod war
kein Fremder für ihn, seit er mit 56 Jahren einen schweren Herzinfarkt erlitten hatte. Die Ermutigung und Hilfe
seiner Tochter Regina gaben ihm die Kraft weiterzuleben.
Heute ist Gary 70 und erfreut sich bester Gesundheit.

Nachdem Garys Mutter Trudy in ein Pflegeheim
gekommen war, wurde ihre Sehkraft aufgrund einer
Makula-Degeneration immer schlechter, doch das
bremste die gottesfürchtige, willensstarke Frau kein bisschen. Sie war Baptistin und stammte aus einer zwölfköp-
figen Familie, die die Weltwirtschaftskrise und die große
Hungersnot in Oklahoma überstanden hatte und jeder
neuen schwierigen Situation mit stoischer Entschlossenheit begegnete.

Gary nutzte jede sich bietende Gelegenheit, um seine
Mutter zu besuchen und ihr zu sagen, wie sehr er sie

liebte. Mit der Zeit merkte Gary, dass seine Mutter immer schwächer wurde, und er ahnte, dass ihr Ende nicht mehr fern war. Etwa um diese Zeit begann Trudy zu spüren, dass sie Besuch von geliebten Menschen erhielt, die bereits gestorben waren. Obwohl sie inzwischen komplett blind war, konnte sie jeden ihrer Besucher so deutlich sehen, wie Gary die Tapete sah. Es freute ihn, dass diese seltsamen Erscheinungen so real waren (ganz egal, was sie auch bedeuten mochten), weil sie seiner Mutter Mut gaben. Nichts konnte Trudy von dem ablenken, was um sie herum vorging.

„Dein Dad ist gestern Abend vorbeigekommen", erzählte Trudy Gary eines Abends. „Er trug diesen kleinen Hut und den blauen Freizeitanzug, den er immer anhatte."

„Worüber habt ihr geredet?", fragte Gary.

„Ach, du kennst doch deinen Vater! Hat nie viel gesagt. Ziemlich schweigsam, weißt du. Wir haben uns nur ein bisschen unterhalten, und dann war er wieder weg."

Im Lauf der nächsten Tage kamen Trudys Tanten Nanny und Bee zu Besuch, und weil sie als Familie immer eng miteinander verbunden gewesen waren, kamen auch ihre Geschwister vorbei. Einmal regte sich Trudy auf, weil sie ihre Schwester den Flur hinabgehen sah, die Pflegerinnen ihr aber verboten, sie zu begleiten. Schließlich gehörten sie doch alle zur selben Familie!

Trudy starb vollkommen friedlich. Sie atmete einfach noch einmal leise ein und war gegangen.

Ein Bewusstsein der Ewigkeit

Ein Problem unserer Gesellschaft besteht darin, dass viele Menschen, die solche Erfahrungen gemacht haben, lieber niemandem davon erzählen, weil sie fürchten, dass man sie für verrückt halten könnte oder bestenfalls nicht ernst nimmt. Hoffentlich wird dieses Buch Leser dafür sensibilisieren, aufmerksam zuzuhören, wenn das Ende naht. Aufmerksames Zuhören beginnt damit, dass man *auf alles* achtet, was geschieht.

Trudys Geschichte fügt unserer Diskussion noch eine weitere Dimension hinzu: Neben „richtigen" Nahtoderfahrungen gibt es auch noch eine Art „Himmels-Bewusstsein", wie es Trudy erlebte. Diese Bezeichnung beschreibt, was Sterbende spüren und mitteilen, wenn sich ihr Leben dem Ende zuneigt. Wir haben in diesem Buch von verschiedenen Menschen gelesen, die vor dem Tod diese Art von erweitertem Bewusstsein hatten. Wie im letzten Kapitel erwähnt beschrieb es der Hospizkaplan Ray Wade sehr treffend: „Sie haben eine andere Brille auf." Sie haben die Linie nicht in beiden Richtungen überschritten, im Gegensatz zu John Faulk, der an das Bett seiner Eltern zurückkehrte, doch es ist so, als hätten sie einen zusätzlichen Sinn, der ihnen erlaubt, durch den Vorhang zu blicken, der Leben und Tod voneinander trennt.

Im Grunde liegt solch ein verbessertes „Sehvermögen" nicht außerhalb des Möglichkeitenspektrums der modernen Wissenschaft. Zwar nehmen wir beispielsweise an, dass die Schattierungen auf dem Farbkreis alle Farben darstellen, die es gibt, doch tatsächlich gibt es noch viele weitere Farben, die wir nur nicht in der Lage sind zu sehen. Ein Regenbogen zeigt das wohlbekannte Spektrum, doch die Welt der Farbe ist viel größer. Unsere Augen sind einfach nicht dafür ausgerüstet, manche Nuancen aufzunehmen. Offenbar gilt das Gleiche für das, was am äußersten Rand des Lebens geschieht. Wir haben einfach nicht die Fähigkeit oder das Bewusstsein entwickelt, diese komplizierten Dimensionen zu sehen.

Obwohl sie blind war, konnte Trudy Lower mit ihrem inneren Auge mehr sehen als wir mit einer ausgezeichnet funktionierenden Netzhaut. In ihrem Krankenzimmer war sie nicht allein. Viele Leute, deren Tod naht, sehen Ähnliches: verstorbene Freunde und Verwandte … und manchmal sogar Jesus. Niemand sieht Dinosaurier, Aliens, eine Meute verwilderter Hunde oder irgendwelche Leute, die er nicht kennt. Die Begegnungen erwachsen aus dem Leben des Betreffenden und stimmen mit seiner Vergangenheit überein.

Reverend Don Johnson und seine Frau Joann waren über Jahrzehnte Freunde von mir, und wir hatten zusammen im Gemeindedienst gearbeitet. Als ich hörte, dass Joann im Sterben lag, war ich schockiert und besuchte sie ein letztes Mal zu Hause – wie sich später herausstellen sollte, nur wenige Stunden vor ihrem Tod. Als ich ankam, halfen ihr die Hospizmitarbeiter gerade, sich wieder ins Bett zu legen. Joann hielt inne, um sich die Eheringe vom Finger zu nehmen, und gab sie Don.

„Ich glaube, die brauche ich nicht mehr", sagte Joann ruhig.

Als die letzten Minuten nahten, begann sich Joann im Zimmer umzublicken, als ob sie etwas sähe, was den anderen entgangen war. Immer wieder blickte sie an der Wand hoch, als ob auf der anderen Seite etwas wäre, das sie immer schärfer in den Blick bekam, und dann streckte sie die Hände aus. Meiner Meinung nach ist dies ein weiteres Beispiel für eine Art Nahtod-Bewusstsein einer weiteren Dimension. Joann hatte die Linie noch nicht überschritten, doch sie begann die andere Seite zu sehen.

Aus der Vergangenheit

Die Einleitung zu diesem Buch begann mit der Geschichte von Jack Oscar, einem Überlebenden aus dem Ersten Weltkrieg, der miterlebte, wie sein Kamerad Augenblicke vor seinem Tod auf dem Schlachtfeld seine Mutter sah. Die Geschichte der Menschheit ist voll von solchen Erfahrungen, obwohl viele davon nicht besonders bekannt sind.

Auch aus dem Leben Frédéric Chopins, des großen polnischen Pianisten und Komponisten, gibt es eine solche Geschichte zu erzählen. Sein Leben war ein ständiges emotionales und gesundheitliches Auf und Ab gewesen, doch niemand zweifelte an der außergewöhnlichen Fähigkeit dieses Mannes, großartige Musik zu schaffen. Am 17. Oktober 1849 stand Chopin an der Schwelle des Todes. Der Arzt stand an seinem Bett und war bereit, alles in seiner Macht Stehende zu tun, um diesem musikalischen Genie seine letzten Augenblicke zu erleichtern. Mit einem Mal erwachte Frédéric aus seinem tiefen Schlaf und rief: „Mutter, meine arme Mutter!"

Der Arzt trat einen Schritt näher, um ihm zu helfen. „Haben Sie Schmerzen?"

„Nicht mehr", sagte Chopin. Er starb unmittelbar darauf.

Niemand konnte Chopin fragen, was er gesehen oder mit seiner Mutter besprochen hatte, weil der Tod so schnell eintrat.[20] Es scheint allerdings deutlich zu sein, dass er das schon beschriebene „Nahtod-Bewusstsein" hatte.

Eine ähnliche Geschichte widerfuhr Sergej Rachmaninoff 1943. Wie Chopin Komponist und Pianist, war Rachmaninoff aus Russland nach Amerika emigriert und hatte sich ein Haus im kalifornischen Beverly Hills gekauft. Am 28. März gewann eine lange bekämpfte Krankheit die Oberhand, und der große Musiker begann aus dieser Welt zu gehen. Rachmaninoff war sich ganz sicher, dass irgendwo im Haus seine Musik gespielt wurde. Seine Freunde, die an seinem Bett standen, versicherten ihm, dass das nicht der Fall sei. Der Komponist bestand aber darauf, dass er die Klänge vernehmen konnte. Nachdrücklich beharrten seine Freunde darauf, dass dies nicht der Fall war, doch Rachmaninoff hörte bis zu seinem Tod die Musik.[21]

Spielten sich die Klänge seiner Sinfonien nur in Rachmaninoffs Kopf ab? Oder war dies ein Teil seines ganz persönlichen Himmels-Bewusstseins? Musik gehörte zu den höchsten Prioritäten in Rachmaninoffs Leben. Wenn er sie so deutlich hörte, dass er sicher war, jemand im Haus spiele seine Musik, könnte das darauf hinweisen, dass ihm etwas Außergewöhnliches widerfuhr, als sein Körper starb. Dass seine Freunde nichts hörten, verweist diese Erfahrung in unseren Bereich.

Der Hebräerbrief sagt uns: „All diese Zeugen, die uns wie eine Wolke umgeben, spornen uns an. Darum lasst uns durchhalten in dem Wettlauf, zu dem wir angetreten sind, und alles ablegen, was uns dabei hindert, vor allem die Sünde, die uns so leicht umgarnt! Wir wollen den Blick auf Jesus richten, der uns auf dem Weg vertrauenden Glaubens vorangegangen ist und uns auch ans Ziel bringt" (12,1-2). Die Gemeinschaft der Christen hat immer bekräftigt, dass diese „Wolke von Zeugen" uns in unserem Leben und in der Ewigkeit umgibt.

Das „Himmels-Bewusstsein" vermittelt uns das Bild, dass Menschen in den letzten Augenblicken ihres Lebens sehen, wie diese Realität um sie herum Form annimmt. Denjenigen, die um das Bett des Sterbenden herumstehen, wird die Gelegenheit geboten, einen Teil dessen, was der Sterbende selbst offenbar völlig klar wahrnimmt, zur Kenntnis zu nehmen oder ganz selten sogar mit eigenen Augen zu sehen.

Wie können wir mit diesem geschärften Bewusstsein Sterbender umgehen, ohne das, was ihnen widerfährt, herunterzuspielen? Die Bibel sagt uns, dass Glaube, Hoffnung und Liebe bleiben, doch die Größte unter ihnen ist die Liebe. Ich glaube, dass wir unsere Liebe in diesen Augenblicken am besten ausdrücken können, indem wir ihre Äußerungen über das, was sie sehen und was sie hören, mit Ehrerbietung und Respekt behandeln. Schon allein, weil ihnen das Zuversicht gibt – aber auch uns selbst.

Kapitel 18

Den Lebenden und den Sterbenden helfen

Menschen zu helfen, mit der Realität des Todes klarzukommen, bedeutet auch, sich der Bedürfnisse der Lebenden bewusst zu sein, die am Sterbebett eines geliebten Menschen stehen. Wenn wir von diesen Momentaufnahmen lesen, merken wir, dass Menschen sich beim Sterben oft von den Lebenden abwenden, selbst von Menschen, die sie sehr geliebt haben, und ihren Blick auf die Ewigkeit richten.

Im letzten Kapitel lasen wir die Geschichte von Joann Johnson, wie sie ihrem Mann Don ihre Ringe gab und nüchtern bemerkte: „Ich glaube, die brauche ich nicht mehr." Zwar könnte dies auch wie eine Zurückweisung ihres Ehemanns wirken, doch Joann richtete ihr Augenmerk einfach auf die Ewigkeit. Alle Nahtoderfahrungen, die wir bisher betrachtet haben, waren einsame Reisen. Ebenso müssen auch wir die Schwelle allein überschreiten.

Das bedeutet gewiss nicht, dass Sterbende zu Egoisten werden, sondern im Grunde heißt es nur, dass das Sterben eine sehr persönliche Angelegenheit ist. Wir kommen allein in diese Welt und gehen allein wieder hinaus. Die Menschen, die sich um den Betreffenden gekümmert haben und nun zurückbleiben, werden Trauer und Einsamkeit verspüren, wenn der Betreffende den nächsten

Abschnitt seines Lebens im Himmel beginnt. Wie ein Kind, das einen riesigen Spielzeugladen betritt, versinken sie völlig in dem, was sie um sich herum sehen. Alles andere verblasst dagegen – auch die Menschen um sie herum. Unglücklicherweise versinkt der Rest der Familie dann oft in Schock und Trauer.

Joan Didion gewährte der Öffentlichkeit einen Einblick in ihr Leben und zeigte, wie schlimm und hart der Tod eines geliebten Menschen sein kann. Ihr Bestseller *The Year of Magical Thinking* („Das Jahr des magischen Denkens") schildert, wie schnell uns der Verlust treffen und die Trauer alle Rationalität zunichtemachen kann. Ihr Buch beginnt mit den Worten: „Das Leben ändert sich schnell. Das Leben ändert sich in einem Augenblick."[22] Und wie unerwartet dieser Augenblick kommen kann!

Im Jahr 2003, am Abend vor Silvester, setzten sich Joan Didion und ihr Mann John Gregory Dunne zum Abendessen hin, nachdem sie aus dem Krankenhaus zurückgekehrt waren, wo man ihre Tochter in ein künstliches Koma versetzt und lebenserhaltende Maßnahmen eingeleitet hatte. Die beiden Eheleute gehörten zu den besten Schriftstellern Amerikas und hatten 40 Jahre lang eng zusammengearbeitet. John wollte gerade anfangen, sein Abendessen zu sich zu nehmen, als ein schwerer Herzinfarkt seinem Leben ein Ende setzte. Joan Didion fand ihn zusammengekrümmt auf dem Boden liegend vor. Jede Hilfe kam zu spät.

Das nun folgende Trauerjahr gab den Anstoß zu dem, was sie „magisches Denken" nannte. Erst im Rückblick begann Joan die Widersprüche in ihrem Denken zu erkennen. Damals kamen ihr ihre verworrenen Gedanken und Pläne so natürlich vor wie die aufgehende Sonne. Sie erwartete, dass ihr Mann irgendwie zurückkommen würde, nachdem der Arzt ihn für tot erklärt hatte. Sie stimmte einer Autopsie zu, weil sie das Gefühl hatte, er könnte die daraus gewonnenen Informationen brauchen, wenn er zurückkam, um seine Sachen zu holen. Als sie aus dem Krankenhaus nach Hause kam, fand sie den Mantel ihres Mannes auf einem Stuhl, wo er ihn hatte fallen lassen, kurz bevor er sich hinsetzte und starb. Geistesabwesend dachte sie darüber nach, dass sie ihn wirklich ermahnen müsste, seine Sachen nicht überall liegen zu lassen, und auch wegen einiger anderer Dinge, die seinen Tod betrafen (bis sie wieder einmal begriff, dass er tot war). Es war einer dieser eigenartigen, magischen Momente.

Warum tun und denken wir solche Dinge? Die Abruptheit des Todes bringt unseren Verstand dazu, Purzelbäume zu schlagen, und wir brauchen jemanden, der uns hilft, wieder auf den Boden zu kommen. Wenn uns ein Freund unterstützt, kann er enorm viel dazu beitragen, dass wir unsere Stabilität zurückgewinnen und wieder klar sehen können. Magisches Denken klingt auf dem Papier interessant, doch es ist schrecklich, wenn es auf dem Sessel neben uns sitzt. Wir können Menschen, die mit solchen Fragen zu kämpfen haben, helfen, indem wir konstruktiv zuhören.

Zuhören lernen

Kommunikation läuft selten so glatt, wie wir es gerne hätten. Wenn wir längere Zeit mit jemandem reden, ist es wahrscheinlich, dass das Gespräch irgendwann in die verkehrte Richtung läuft. Im Allgemeinen vergessen wir, dass jeder Mensch ein persönliches Wörterbuch in seinem Kopf herumträgt. Diese Wörter werden definiert durch die Erfahrungen eines Menschen, die Jahrzehnte, in denen er aufgewachsen ist, und von tausend anderen Nuancen, die durch seine Lebenserfahrung geprägt wurden und von denen wir nichts wissen. Das bedeutet, dass wir genau auf den Menschen achten müssen, mit dem wir reden oder dem wir zuhören.

Ich hatte zum Beispiel einmal einen wundervollen englischen Schäferhund namens Chavis, der so groß war wie ein Pony, dabei aber so sanft wie ein Lamm. Chavis hatte die lästige Gewohnheit, anzuschlagen und zur Tür zu rennen, wenn jemand klingelte. Der Hund hatte dabei nur eine freundliche Begrüßung im Sinn, auch wenn es klang, als raste ein Zug durch den Flur. Einmal kam ein Freund spontan vorbei und klingelte an der Haustür. Chavis stürmte zur Tür wie eine Horde wilder Büffel. Ich ging hinterher und bemerkte den besorgten Gesichtsausdruck meines Freundes, der durch die Glastür auf den riesigen, bellenden Hund starrte. Ich machte einen Witz und erzählte meinem Freund, dass Chavis Menschen zum Fressen gernhätte und erst letzte Woche zwei verspeist hätte. Der Mann wurde totenbleich.

Was ich nicht wusste, war, dass dieser Mann als Kind von drei Jahren von einem kleinen Chihuahua angegriffen worden war, der sich in seine Beinchen verbissen hatte. Weil er damals noch so klein war, wirkte der Hund auf ihn ungefähr so groß wie heute mein Schäferhund. Sie verstehen, was ich meine. Mein Witz kam nicht gut bei ihm an, sondern jagte ihm einen fürchterlichen

216

Schrecken ein. Ich hatte eine bestimmte Absicht verfolgt – nämlich die Situation aufzulockern –, und er hörte etwas völlig anderes heraus.

An diesem Punkt brauchte ich einige Lehrstunden in der Kunst der Kommunikation. Manchmal sammeln wir diese Einsichten irgendwo auf dem Weg auf und setzen sie sinnvoll ein, oft aber auch nicht. Ich möchte Ihnen einige Hinweise geben, die meiner Meinung nach sehr hilfreich sein können, wenn man mit Sterbenden und ihren Angehörigen kommunizieren will, die sich in seiner Gegenwart aufhalten.

Vorurteile über Nahtoderfahrungen gehören in den Keller

Religiösen Menschen fällt es besonders schwer, die letzten Augenblicke herannahen zu lassen, ohne einen Haufen vorgefertigter Urteile über Nahtoderfahrungen mitzuschleppen. Fast ihr ganzes Leben lang haben sie persönliche Urteile gefällt, und möglicherweise haben sie sogar das Gefühl, dass jede ihrer vorgefertigten Auffassungen darüber, wie der Tod sein wird, von der Bibel gestützt wird. Mit diesen fest verankerten Vorstellungen nähern sie sich den Sterbenden und erwarten, dass diese sich ihren Vorstellungen anpassen. Unglücklicherweise funktioniert das in der Regel nicht so.

Wie wir bereits festgehalten haben, ist Sterben eine sehr persönliche Angelegenheit. Wenn wir also mit Sterbenden arbeiten, müssen wir akzeptieren, wer sie sind, und dürfen nicht von ihnen erwarten, dass sie unseren eigenen Erwartungen entsprechen. Letzten Endes läuft es darauf hinaus, dass wir in der Arbeit mit Sterbenden damit anfangen sollten, offen zu sein und unsere eigenen Vorstellungen hinter uns zu lassen. Wenn irgendetwas, was sie sagen oder tun, nicht mit unseren Erwartungen übereinstimmt, müssen wir über unseren Schatten springen und in *ihren* Rahmen wechseln.

Eine andauernde urteilend-kritische Haltung anderen gegenüber ist oft ein Zeichen dafür, dass der Betreffende es noch nicht geschafft hat, sich seinen eigenen Problemen zu stellen. Eine solche Haltung kann ein Schutzmechanismus sein. In den Jahren, die ich in der Kirche und ihrem Umfeld gearbeitet habe, habe ich beobachtet, dass die Menschen, die am häufigsten und härtesten über andere urteilen, auch am meisten Angst haben. Das gilt vor allem, wenn es um den Tod geht.

Um konstruktiv mit dem Sterbeprozess umzugehen, müssen wir uns unserer eigenen Sterblichkeit stellen. Erst das versetzt uns in die Lage, anderen zu helfen. Wenn Sie Ihre Vorurteile nicht an den Nagel hängen und andere Menschen akzeptieren können, wie sie sind, sollten Sie sich Ihre Vorurteile noch einmal ganz genau anschauen, denn sie könnten Ihnen zur Falle werden.

Symbolisch denken

Wenn ich immer und immer wieder sage, dass vieles im Zusammenhang mit dem Sterben auch symbolischen Charakter hat, dann deshalb, weil ich möchte, dass wir vor allem *zuhören* lernen. Sich einfach in der Gegenwart eines Sterbenden aufzuhalten, kann eine außergewöhnlich wichtige Aufgabe sein. Oft können wir unseren Lieben zum Beispiel dabei helfen, alte Erinnerungen wieder hervorzuholen, wenn ihnen das guttut. Ungefähr so, wie wenn man jemanden ins Kino begleitet, können wir mit ihnen gemeinsam alte Geschichten wieder aufleben lassen, die sie in ihrer Kindheit, an der Universität oder bei ihrer ersten Arbeitsstelle erlebten. Vielleicht merken sie dann, dass sie lieber diese „Filme" allein in ihrem Kopf anschauen. Doch auch dann können Sie still danebensitzen, während der Film läuft, und Ihre Unterstützung anbieten.

Manchmal möchte ein Sterbender unbedingt noch jemandem einen Brief schreiben; der Adressat kann noch am Leben sein oder auch jemand, der bereits verstorben ist. Auch das ist ein Teil der symbolischen Erfahrung, die Sterbende durchlaufen. Wenn Sie sich dann als „Sekretär" zur Verfügung stellen, kann dies für den Sterbenden ein großer Trost sein – und darüber hinaus sehr aufschlussreich. Unsere Aufgabe in alledem ist es, den Menschen dabei zu helfen, ihren Gefühlen eine konkrete Form zu geben und sie loslassen zu können.

Spiegeln

Eine von vielen Seelsorgern eingesetzte Technik besteht darin, das, was der Betreffende ihrer Meinung nach gesagt hat, mit eigenen Worten wiederzugeben. Oft werden diese Aussagen mit den Worten eingeleitet: „Was ich Sie habe sagen hören, ist ..." Der Klient hört dann, ob der Seelsorger verstanden hat, was er gesagt hat, und ist in der Lage, das, was er sagen wollte, genauer zu formulieren, damit wirkliches Verstehen möglich ist. Oft spielt so ein Gespräch sich etwa so ab:

Der Klient schreit: „Ich war so zornig auf meine Mutter, dass ich sie hätte umbringen können!"

„Ich habe Sie sagen hören, dass Sie sehr wütend waren, aber wollen Sie damit wirklich sagen, dass Sie Ihre Mutter töten wollten?"

„Nein, nein! Ich würde meiner Mutter niemals etwas zuleide tun, aber ich war wirklich aufgebracht."

„Konnten Sie denn diese Gefühle ihr gegenüber zum Ausdruck bringen?"

„Nein", entgegnet der Klient, „jedenfalls nicht laut. Das ist das Problem; ich konnte meiner Mutter nie genau sagen, wie ich mich fühlte."

Sie verstehen? Das, was der andere gesagt hat, mit eigenen Worten zu wiederholen, erlaubt es dem anderen, seine eigenen Gedanken klarer zu formulieren und besser zu verstehen, bis die volle Bedeutung ans Licht kommt. Ich glaube, das kann man auch mit den Aussagen Sterbender so machen. Ebenso können wir Trauernden auf diese Weise helfen, eine neue Richtung zu finden.

Diese Art des Gesprächs entwickelt sich, wenn der Zuhörer Suggestivfragen stellt, die eine Antwort provozieren. Oft neigen wir eher dazu, Behauptungen aufzustellen, die unseren eigenen Standpunkt deutlich machen. Einem Sterbenden tut es nicht unbedingt gut, wenn wir ihn mit unseren Glaubenssätzen und Überzeugungen bombardieren (ganz egal, wie wichtig sie uns auch scheinen). Suggestivfragen sind hilfreicher, weil sie den anderen aus sich herausholen und ihm helfen, den Blick zu heben. Es ist schwerer, mit guten, scharfsinnigen Fragen aufzuwarten, als mit Überzeugungen um sich zu werfen – doch die Ergebnisse sind weitaus produktiver.

Keine Angst vor der Angst

Angst vor dem Unbekannten ist normal, und die meisten Menschen wissen über den Tod weniger als über alles andere. Denkt man sich noch die Furcht hinzu, die durch die Bilder entsteht, die man in Horrorfilmen sieht, kann die Angst unerträglich werden. Jeder, der am Ende seines Lebenswegs ankommt, wird darauf mit Gefühlen reagieren, die auf dem Spektrum zwischen Sorgen und totaler Panik liegen. Einer der Gründe für mich, dieses Buch zu schreiben, lag darin, Geschichten voller Hoffnung zu bringen, um sie dieser Angst entgegenzusetzen.

Scheuen Sie sich nicht, einem geliebten Menschen Worte des Trostes zuzusprechen, wenn er sich darauf vorbereitet, eine Grenze zu überschreiten, die, wie sich gezeigt hat, leicht zu überwinden ist. Menschen, die auf der anderen Seite gewesen und wieder zurückgekehrt sind, sagen einhellig, dass sie sich nicht mehr vor dem Tod fürchten. Ja, sie *freuen* sich sogar darauf, wieder auf die andere Seite zurückzukehren, obwohl sie noch am Leben sind, und dies zumeist auch gern.

Naturgemäß fürchten sich viele Menschen vor dem Schmerz, der mit körperlichem Verfall, Krankheit und Tod einhergeht. In der heutigen Welt steht uns jedoch eine Vielzahl von Medikamenten, Behandlungsmöglichkeiten und medizinischen Techniken zur Verfügung, die Hilfe und Schmerzfreiheit bieten. Krankenschwestern und Ärzte lernen immer besser, Bedürfnisse von Patienten schnell zu erkennen und umgehend zu reagieren. Die Angst vor Schmerzen tritt daher beim Sterben immer mehr in den Hintergrund.

Wenn jemand dem Tod nah ist, kann es sein, dass er

Laute von sich gibt, die sich nach Schmerzen anhören, aber gar nichts damit zu tun haben. Am Tag und in der Nacht bevor Mitchell Brantley starb, konnten ihn seine Angehörigen stöhnen und keuchen hören, als ob er unter unerträglichen Schmerzen litt. Die Forschung hat allerdings gezeigt, dass Sterbende oft unbewusst solche Geräusche machen und beim Erwachen dann sagen, dass sie sich keiner Schmerzen bewusst seien. Wenn jemand vermeintlich vor Schmerzen schreit, scheint das eine Art psychischer Kampf mit bestimmten Fragen, Problemen oder Bedürfnissen zu sein. Wir können diese letzten Geräusche, die ein Mensch von sich gibt, also anhören, ohne gleich befürchten zu müssen, dass der Betreffende schreckliche Schmerzen hat. Das Stöhnen könnte einfach ein Teil des Umgestaltungsprozesses sein, wenn sie sich von ihrem gegenwärtigen Zustand in die Ewigkeit aufmachen.

Die Bilanz ziehen

Einer der wirkungsvollsten Aspekte im Programm der Anonymen Alkoholiker ist der „Fünfte Schritt". Wenn ein Teilnehmer sein gesamtes Leben noch einmal unter die Lupe genommen und sich jeder noch so kleinen Verfehlung gestellt hat, erzählt er einem anderen unter dem Siegel der Verschwiegenheit jede einzelne schlimme Sache, die ihm jemals zugestoßen ist, und jede, die er selbst jemals getan hat. Der Seelsorger, der sich dies anhört, hilft dem Betreffenden dann dabei, Vergebung zu gewähren und zu empfangen, um die Vergangenheit zu klären.

Während meiner Jahre im Gemeindedienst habe ich

viele dieser „Fünfter-Schritt-Bekenntnisse" angehört und erlebt, wie befreiend sie sein können. Ich habe Männer und Frauen gesehen, die endlich von Problemen befreit wurden, die sie jahrzehntelang belastet hatten, einfach indem sie die Sünde vor Gott und einem anderen Menschen bekannten.

Sterbende haben oft genau dasselbe Bedürfnis und sind dankbar, wenn sie in Anwesenheit eines anderen eine Art Lebensbeichte ablegen können. Ganz egal, ob er sich wirklich Übles geleistet hat oder nicht, spürt der Betreffende die Notwendigkeit, alles durchzuarbeiten, von dem er das Gefühl hat, es sei nicht in Ordnung gewesen. Das Problem liegt nicht so sehr darin, *was* sie getan haben, sondern vielmehr darin, dass sie es immer noch mit sich herumschleppen. Der Zeitpunkt wird kommen, an dem sie diese Last abwerfen, die sie so lange auf dem Rücken getragen haben – und wenn es ganz zum Schluss des Lebens ist. Wenn Sie der Einzige sind, der anwesend ist oder mit dem der Sterbende reden will, haben Sie eine wichtige Aufgabe. Dies ist einer der Augenblicke, in denen sensibles Zuhören von immenser Bedeutung ist (und natürlich sollte klar sein, dass die Beichte absolut vertraulich bleiben muss).

Denken Sie daran, es ist nicht Ihre Aufgabe, zu urteilen oder das Leben des Sterbenden zu bewerten! Wir brauchen ihnen nur zu sagen, dass Gott ihnen Liebe und Vergebung anbietet. Oft schlage ich 1. Johannes 1,9 auf und lasse sie diesen Vers (wenn das noch geht) selbst lesen: „Wenn wir aber unsere Verfehlungen eingestehen, können wir damit rechnen, dass Gott treu und gerecht ist: Er wird uns dann unsere Verfehlungen vergeben und uns von aller Schuld reinigen." Dies scheint den Sterbenden eine noch tiefere Gewissheit zu schenken, dass auch ihre Vergangenheit in Ordnung gebracht werden kann.

Wenn jemand dahin gekommen ist, alle Ereignisse seines Lebenswegs im Nachhinein zu akzeptieren, wird ihm das Sterben in aller Regel leichter fallen. Es spielt keine Rolle, ob er sich vom Leben gerecht oder ungerecht behandelt fühlte, ob seine Vergangenheit überwiegend glücklich oder traurig war: Er muss in der Lage sein, diese alten Erlebnisse als Teil des Gesamtbildes seines Lebens anzunehmen, um voller Zuversicht über die Schwelle in die Ewigkeit zu treten.

Zum Schluss

Wir haben in diesem Kapitel darüber nachgedacht, wie wir den Lebenden und den Sterbenden helfen können, indem wir uns mit Urteilen zurückhalten, zuhören, Fragen stellen, spiegeln und uns sogar die Beichte eines Menschen anhören, wenn es notwendig ist. Das alles ist gesund, denn jeder von uns kann es gebrauchen, wenn er ein hilfreiches Feedback oder Ermutigung bekommt oder ihm jemand aufmerksam zuhört. Und es ist immer gut, wenn ein Freund da ist und uns die Angst nimmt, wenn unsere Knie vor Furcht schlottern. Es kann überraschend sein, wie viel Freiheit und Frieden man einem anderen Menschen durch diese einfachen Dinge schenken kann.

Vor einigen Jahren gehörte ein prominenter Gehirnchirurg zu meiner Gemeinde. Seine Frau suchte mich eines Tages auf, weil sie sich Sorgen machte, dass ihr Mann nicht über seine Depressionen hinwegkam. Sam redete sogar davon, seine medizinische Laufbahn aufzugeben, und seine Frau wusste nicht mehr ein noch aus.

Als ich mit dem Neurochirurgen sprach, erzählte er mir, dass die Sterberate in seiner Praxis bei über 50 Prozent lag, weil die meisten Patienten erst zu ihm kamen, wenn er nichts mehr für sie tun konnte. Sam hatte einfach zu viele Menschen sterben sehen, und die Last zog ihn in die Depression hinab.

Wir hatten mehrere Termine ausgemacht, um miteinander zu reden, und ich bekam allmählich ein Bild von ihm und seiner Beziehung zu Gott, das sich erheblich von dem unterschied, das sich mir sonntags in der Gemeinde bot. Sam sah nämlich in Wirklichkeit keine Hoffnung für seine Patienten, wenn sie starben.

„Wenn sie sterben, sind sie tot", sagte Sam. „Dann ist Schluss."

„Sie meinen, dass Sie keine Hoffnung auf ein Leben nach dem Tod haben?", fragte ich.

Sam zuckte mit den Achseln. „Nein, ich glaube nicht. Wenn wir sterben, fällt der Vorhang. Dann ist alles vorbei."

So wie ich es immer mit meinen Gemeindemitgliedern im Krankenhaus machte, schlug ich die Bibel auf und begann mit Sam über das zu reden, was Gottes Wort uns über das Leben nach dem Tod sagt. Wir schauten uns viele Abschnitte an, über die wir in diesem Buch bereits nachgedacht haben.

Schließlich sah mich Sam verwirrt an. „Sie meinen, Sie glauben *wirklich*, dass wir in den Himmel kommen, wenn wir sterben?"

„Ja, davon bin ich überzeugt. Es ist ein zentrales

Thema unseres Glaubens", entgegnete ich. „Haben Sie das am Sonntagmorgen noch nie gehört?"

„Ich habe geglaubt, Sie sagen all das nur, damit man sich gut fühlt."

Ich bin mir sicher, dass ich sehr überrascht aussah, als ich ihm erklärte, dass wir keine Show abziehen, um uns besser zu fühlen. Ich versicherte ihm, dass Christen seit 2000 Jahren ganz ernsthaft und durch die Bibel bestätigt daran glauben, in den Himmel zu kommen, und dass dies ein Teil des Apostolischen Glaubensbekenntnisses sei. Sam war erstaunt.

„Wenn ein Mensch stirbt", erklärte ich ihm, „schicken Sie ihn keineswegs sozusagen auf eine Art endgültiger Müllhalde. Sie helfen eigentlich sogar dabei, dass er den Weg zum Himmel findet."

Sam akzeptierte schließlich diese biblische Tatsache und zog sich nicht aus seiner Praxis zurück, weil er neue Hoffnung gefunden hatte. Als wir uns das letzte Mal miteinander unterhielten, sagte er zu mir: „Wissen Sie, noch nie hat jemand so mit mir gesprochen wie Sie. Danke."

Manchmal muss man Dinge auch einfach einmal aussprechen. Auch wenn man sie eigentlich bei seinem Gegenüber vorausgesetzt hatte. Damit will ich allerdings nicht sagen, dass Sie einen Sterbenden wahllos anpredigen sollen. Auch hier ist das Zuhören der Schlüssel. Fragen Sie nach, stellen Sie beide Ohren auf Empfang und hören Sie genau zu, was der andere sagt. Und wenn es dann angebracht scheint, sollten Sie auch reden. Ihre Aufgabe ist es, Leuten in Not so beizustehen, dass sie in der Lage sind zu sagen: „Niemand hat mir jemals so aufmerksam zugehört. Ich danke dir."

Kapitel 19

Heilung

Die Erlebnisse von Sterbenden deuten oft auch versteckt an, dass wir durch unsere Gebete für sie weitaus mehr bewirken können, als wir für möglich halten. Nach dem zu urteilen, was in den vielen Erfahrungen und Geschichten steckt, die wir gelesen haben, können Sie vielleicht sogar bei einer Heilung mitwirken.

„Heilung für jemanden, der stirbt? Sie machen wohl Witze!"

Reaktionen wie diese auf den Vorschlag, um Heilung für Sterbende zu beten, lassen sich darauf zurückführen, dass wir den Begriff „Heilung" in einem anderen Sinn gebrauchen als in der Bibel allgemein üblich. In unserer Gesellschaft bedeutet „Heilung" die Wiederherstellung der körperlichen Gesundheit. Im Griechischen des Neuen Testaments ist damit jedoch die Wiederherstellung des ganzen Menschen gemeint, und das schließt auch sein emotionales und geistliches Wohlergehen mit ein. *Therapeuo* bedeutet Gott zu dienen, für jemanden zu sorgen, aber auch Heilung und Wiederherstellung. Ein Mensch mit einem amputierten Arm oder Bein kann trotzdem als heiler, ganzer Mensch betrachtet werden. Menschen, die mit dem Herannahen des Todes körperlich schwächer werden, bereiten sich darauf vor, die körperlichen Gebrechen hinter sich zu lassen, die ihren Tod verursachen.

Aus den Geschichten von Menschen, die wieder zurückgekehrt sind, wird deutlich, dass sie die Grenzlinie zur Ewigkeit in einem wiederhergestellten Körper einer anderen Ordnung überschritten haben. Diese Metamorphose scheint Wiederherstellung im denkbar höchsten Maß zu demonstrieren. Wenn wir also den Begriff „Heilung" gebrauchen, um damit die volle körperliche, emotionale und geistliche Wiederherstellung eines Menschen zu bezeichnen, verstehen wir besser, wie wir mit unseren Gebeten helfen können. Ist es möglich, Sterbenden auf ihrem Weg zum Heilwerden zu helfen, indem wir beten? Absolut.

Haben Sie noch die Geschichte in Kapitel 1 von den beiden kleinen Jungen in Erinnerung, die jenseits der Grenze des Lebens auftauchten und den Weg in den Himmel suchten? In diesem Bericht hatte der sterbende Al Harris versucht, „Wind" hervorzubringen, um die beiden Kinder auf den richtigen Weg zu schubsen. Als ich diese Geschichte das erste Mal hörte, dachte ich, dass Mr. Harris' Versuch, den beiden Kindern zu helfen, eine ungewöhnliche Dimension hatte. Als ich weiter darüber nachdachte, merkte ich, dass uns diese Geschichte einen Wink gibt. Um die Puzzlestücke zusammenzusetzen, müssen wir jedoch genauer betrachten, wie Jesus Menschen heilte und wie er seine Nachfolger unterwies, um das Gleiche tun zu können. Darüber hinaus werden wir untersuchen, was eigentlich passiert, wenn wir beten.

Wiederherstellung und Erlösung

In Kapitel 15 erzählte ich meine eigene Geschichte, wie ich mit dem Tod kämpfte, nachdem ich mir eine akute Nephritis zugezogen hatte, die meine Nieren zu zerstören begann. Natürlich kann ich keine Beweise dafür liefern, aber ich glaube, dass ich ohne das Eingreifen Gottes, der meine Gesundheit wiederherstellte, gestorben wäre. In meinem Fall trifft der Begriff „wiederherstellen" genau den Kern der Sache. In den späten 1960er-Jahren wusste niemand in den Kreisen, in denen ich mich bewegte, irgendetwas über diese Art der „Wunderheilung". Man betrachtete Berichte über so etwas als völligen Unsinn, und selbst das Gebet für Kranke wurde als eine Art emotionale Manipulation betrachtet, als ein Phänomen, bei dem man den Geist über die Materie erhob und das vergehen würde, sobald die Emotionen verebbt waren.

Nach meiner Genesung begriff ich, dass ich über einen Aspekt des christlichen Glaubens gestolpert war, der meine kühnsten Erwartungen überstieg. Also machte ich mich daran, das zu untersuchen und zu verstehen, was mir widerfahren war. Zu meiner großen Überraschung entdeckte ich, dass viele Christen im Lauf der Jahrhunderte für Kranke gebetet hatten, und zwar mit bemerkenswerten Ergebnissen. Abschnitte wie Jakobus 5,13-15, die dazu aufrufen, die Gemeindeältesten zu holen, wenn jemand krank ist, für den Betreffenden zu beten und ihn mit Öl zu salben, waren nicht auf das erste Jahrhundert beschränkt.

Heute glaube ich, dass die Heilungstätigkeit von Jesus nicht mit den Aposteln aufhörte, sondern von vielen gottesfürchtigen Menschen in all den vergangenen Jahrhunderten weitergeführt wurde. Im Mittelalter wurden Heilungen als Aufgabe der Könige oder besonders begabter Menschen mit einer Aura mystischer Abgehobenheit betrachtet, und es geschah Erstaunliches. Es war nicht ungewöhnlich, dass ein König „von Gottes Gnaden" durch Handauflegen heilen konnte. Selbst in der skeptischen Epoche der Aufklärung hörten diese einzigartigen Gnadenzeichen nicht auf. Ich entdeckte, dass große Teile der Kirchengeschichte von Heilungen geprägt waren. Nur sehr wenige Menschen hatten damals diese Ereignisse genauer untersucht, um daraus Leitlinien für die eigene Heilungstätigkeit abzuleiten, teilweise einfach deshalb, weil man so etwas nicht für möglich hielt.

Nachdem ich mich ausführlich damit beschäftigt hatte, entschloss ich mich, in meiner eigenen Gemeinde einen Heilungsgottesdienst anzubieten. Nachdem der Gottesdienst einmal angekündigt war, saß ich in der Falle. Obwohl ich zunehmend nervös wurde (denn ich hatte noch nie in meinem Leben selbst auch nur einen Heilungsgottesdienst besucht), musste ich durchhalten, denn die Gemeinde wartete gespannt, was passieren würde. An diesem Abend sah ich zum ersten Mal in meinem Dienst Gottes wunderbares Eingreifen. June Watts, eine liebe Freundin und geistliche Mutter von mir, erlebte, wie ihre kaputten Sprunggelenke auf außergewöhnliche Weise wiederhergestellt wurden.

Ich wollte auf keinen Fall in den Ruf eines „Wunderheilers" geraten und mied daher jede Publicity, damit man nicht sensationsheischend darüber berichtete, doch ich betete im Lauf der Jahre immer weiter für Kranke.

Außerdem begann ich, mit verschiedenen Menschen in meiner Ortsgemeinde diese Art von Gebet einzuüben.

Als sehr unterschiedliche Menschen an diesen Lehrstunden teilnahmen, begann ich zu begreifen, dass Gebete um Heilung sich im Grunde nicht besonders von anderen Gemeindediensten unterscheiden. Zwar kann jeder Mensch für die Kranken beten, doch manche erreichen dabei erstaunliche Ergebnisse, während andere nur begrenzten „Erfolg" haben. Das liegt daran, dass die Gabe der Krankenheilung eben eine Gabe ist, die manche Menschen von Gott verliehen bekommen haben und andere nicht.

Gilt dies nicht auch für die evangelistische Arbeit? Alle Christen können anderen Menschen von ihrem Glauben erzählen, doch manche haben ein besonderes Talent dafür. In jeder Gemeinde gibt es einige wenige Menschen, die viele andere zu Christus bringen können. Dasselbe gilt für das geistliche Wachstum. Manche Menschen erweisen sich als großartige Lehrer, während andere nur vertretungsweise einspringen sollten. Letzten Endes lief es darauf hinaus, dass wir in dieser Zeit lernten, dass die explizite Gabe der Krankenheilung nur wenige Menschen haben, dass aber jeder Christ für andere Menschen beten kann und sollte und dass jedes Gebet etwas im Leben derjenigen bewegt, für die gebetet wird.

Als ich diese Erkenntnis auf Sterbende anwandte, begann ich eine neue Form des Gemeindedienstes zu entdecken. Gewöhnlich sind die letzten Gebete eine Art Abschied, mit dem man den Betreffenden mit Gottes Segen aus dieser Welt hinausbegleitet. Meist ist es so, dass solche Momente für den Sterbenden wertvoll und außerordentlich hilfreich sind. Sie bieten Trost, Segen und Erlösung. Ich begriff jedoch, dass es noch mehr zu tun gab. Ich glaube, dass auch Sterbende weiterhin den Frieden und die Kraft benötigen, die das Heilungsgebet vermittelt.

Im Lauf der Jahre begann ich zu begreifen, dass Gebet für Kranke mehr ist, als nur um Hilfe für ein bestimmtes Problem zu bitten. Tatsächlich bedeutet es, eine Hand auszustrecken und den auferstandenen Jesus Christus zu berühren, während man den Kranken mit der anderen festhält. Wie wenn man einen unterbrochenen Stromkreis wieder funktionsfähig macht, stellt das Heilungsgebet den Kontakt mit Christus wieder her.

Als Jesus sagte: „Ich bin der Weg, die Wahrheit und das Leben" (Johannes 14,6; L84), verkündete er nicht nur ein theologisches Faktum, sondern stellte auch eine greifbare Wahrheit fest: Jesus war und *ist* die Quelle aller Lebenskraft. Das Johannesevangelium beginnt mit den Worten: „Alle Dinge sind durch dasselbe [Wort] gemacht, und ohne dasselbe ist nichts gemacht, was gemacht ist ... Wie viele ihn aber aufnahmen, denen gab er *Macht*, Gottes Kinder zu werden, denen, die an seinen Namen glauben" (Johannes 1,3.12; L84; Hervorhebung durch den Autor). Wenn wir für jemanden beten, machen wir uns zu einem Kanal der Kraft Gottes. Die tatsächlichen Ergebnisse dieser Art von Gebet sind zwar niemals vorhersagbar, doch immer stellt es den Menschen in irgendeiner Form wieder her.

In den ersten Kapiteln dieses Buchs habe ich festgestellt, dass niemand weiß, was das Leben eigentlich wirklich ist. Diese außergewöhnliche aktivierende Energie, die uns unsere Existenz verleiht, entzieht sich unserem

Verständnis, doch die Bibel sagt uns, dass Jesus Christus die Verkörperung des Lebens ist und war. Für Kranke zu beten bedeutet nichts anderes, als Bedürftigen dieses Leben weiterzugeben. Manchmal stellt es Knochen oder Organe wieder her, manchmal bereinigt es die Vergangenheit. Sein Leben gibt uns die Kraft, die wir brauchen, um unseren Weg durch diese Welt zu gehen.

Die Grenze dieses Lebens ist nicht das Ende des Wegs, sondern eine Vorbereitung auf den nächsten Abschnitt, der auf der anderen Seite stattfindet. Sterbende brauchen die gleiche Kraft, wenn sie diese Linie überqueren, die wir brauchen, um das Leben zu bewältigen. Für sie zu beten, während ihr Körper verfällt, bringt die benötigte Kraft in ihr Leben.

Fürbitte

Wenn wir uns genauer anschauen, was geschieht, wenn wir beten, finden wir noch weitere Hinweise darauf, warum das Fürbittegebet so wichtig ist. Die meisten Menschen betrachten Beten als einen Versuch, Kontakt mit Gott aufzunehmen. Sie sehen das Gebet als Monolog. Sie würden es vielleicht nicht laut sagen, doch viele Leute glauben, dass sie Gott mit ihren Gebeten auf sich aufmerksam machen müssen, weil er sie sonst nicht auf seinem Radarschirm hat. Gebete sind nach dieser Betrachtungsweise ein Stoß in die göttlichen Rippen, damit der himmlische Vater endlich hinsieht und sich unserer Probleme annimmt. Wenn solche Leute in der Kirche auftauchen, hoffen sie, dass das „sakrale Umfeld" dazu beiträgt, ihre Botschaften schneller in den Himmel steigen zu lassen. Doch meist bleibt es trotzdem ein Monolog. Das ist das Problem.

Beten sollte ursprünglich nämlich ein Dialog sein.

Am Ende des Matthäusevangeliums versprach Jesus, dass er immer bei uns sein wird. Er ist also schon mal da. Eine Beziehung ist aber nur möglich, wenn Kommunikation stattfindet, und das erfordert, dass zwei Parteien hören und reden. Und so ist es auch beim Beten. Hören und Empfangen ist hier sogar noch wichtiger, weil wir *Leben* empfangen, wenn Christus mit uns kommuniziert. Wenn wir für jemanden im Gebet eintreten, haben wir auch die Möglichkeit, dem Betreffenden dieses Leben zu vermitteln.

Hier sind einige Beispiele, die mir helfen, das zu verstehen: Durch den Garten hinter unserem Haus verläuft eine große, starke Stromleitung. Im ganzen Viertel geht aufgrund dieser starken Spannung abends das Licht an. Ganz egal jedoch, wie stark der Strom ist: Wenn die kleineren Kabel den Strom nicht in unser Haus leiten, geschieht gar nichts. Keine Verbindung, kein Licht.

Wenn Menschen im Gebet für ihre Verwandten und Freunde in Not eintreten, werden sie zu einer menschlichen Leitung, die göttliche Kraft in das Leben eines anderen Menschen einspeist, genau wie das Kabel den Strom in die Häuser bringt. Ob wir es nun wahrnehmen oder nicht; wir tun jedes Mal etwas enorm Wichtiges, wenn wir für jemanden beten, denn dadurch nehmen wir Verbindung mit Jesus Christus auf.

Oder denken Sie an ein Vergrößerungsglas. Wenn man es im richtigen Winkel und in der richtigen Entfernung in die Sonne hält, kann die Linse die Lichtstrahlen so bündeln, dass sie auf trockenem Material ein Feuer

234

entzünden. Die Energie der Sonne war die ganze Zeit da, doch es war die Hand eines Menschen nötig, um sie zu konzentrieren. Mit Gottes Liebe verhält es sich ähnlich. Sie umgibt uns unaufhörlich, doch unsere Gebete wirken wie eine Linse, die die Macht des Gebets auf die Notlage eines bestimmten Menschen ausrichtet.

In 1. Mose 1,28 steht etwas über dieses Prinzip. Der Abschnitt besagt, dass Gott uns zu Verwaltern dieser Erde gemacht hat. In früheren Zeiten bedeutete das, dass der Herr des Hauses seinen Knechten die Verantwortung übertrug, den Hof und die Felder zu bewirtschaften. Sie besaßen einerseits die uneingeschränkte Kontrolle und mussten andererseits über die Ergebnisse Rechenschaft ablegen. Der Herr erwartete, dass seine Knechte ihre Autorität ausübten und einen Ertrag erwirtschafteten. Dieselbe Vorstellung kann auf den ganzen Planeten übertragen werden: Wir wurden geschaffen, um diese Welt verantwortungsvoll zu verwalten und „Erträge" zu erwirtschaften.

Das Fürbittegebet gehört zu dieser uns übertragenen Verantwortung. Zwar halten die meisten von uns Beten für ein freiwilliges Extra, doch das ist es überhaupt nicht. Indem wir für Menschen auf dem Sterbebett beten, nehmen wir unsere Verantwortung als Verwalter und Begleiter unserer Mitmenschen wahr. Wir beschenken sie mit der Unterstützung und Ermutigung, die sie brauchen, um auf die andere Seite zu kommen.

Die Vorstellung, die mir am meisten hilft, wenn ich für jemanden im Gebet eintrete, ist die, dass ich mit Jesus Christus Verbindung aufnehme, bevor ich den Sterbenden besuche. Ich brauche das Wissen, dass ich in direktem Kontakt mit dem Herrn stehe. Diese Vorbereitung kann sich über einen längeren Zeitraum erstrecken. Wenn ich dann das Krankenzimmer betrete, versuche ich diesen Kontakt aufrechtzuerhalten, indem ich still weiterbete. Manchmal rede ich frei mit Gott, manchmal spreche ich das folgende Gebet immer und immer wieder vor mich hin: „Jesus Christus, Sohn Gottes, erbarme dich meiner. Jesus Christus, Sohn Gottes, erbarme dich dieses Menschen." Ich glaube, dass längere Zeit auf diese Weise zu beten uns dabei hilft, uns auf Gottes Sendefrequenz einzustellen und die Kanäle zwischen Gott, uns und demjenigen, für den wir beten, offen zu halten.

Wenn Sie versuchen, auf diese Art zu beten, mögen Sie sich nicht bewusst sein, dass irgendetwas geschieht, doch was wie und wann passiert, wissen wir oft nicht. Das ist nicht unsere, sondern allein Gottes Sache.

Kapitel 20

Praktische Erfahrungen

Niemand hatte mehr Fantasie als Ruth Eaton. Ruths wildes rotes Haar sträubte sich in alle Richtungen, und sie war immer in Bewegung. In den späten 1960er-Jahren waren sie und ihr Mann Baxton Mitglieder der ersten Gemeinde, in der ich als Pastor tätig war. In dieser Zeit starb ihre Tochter Lula Belle, und ich hielt die Beerdigung. Lulas unerwarteter Tod schmerzte Ruth und Baxton sehr.

Die Zeit verging, und ein Jahrzehnt später schloss sich Ruth einer anderen Gemeinde an, die ich gegründet hatte. Zu diesem Zeitpunkt war Baxton bereits verstorben und Ruth über 80 Jahre alt, doch sie hatte noch genauso viel Energie wie eh und je.

Irgendwann mit Mitte 80 entdeckte sie alte Leute für sich. Eher zufällig als geplant stattete sie einem Altenheim einen Besuch ab und fand dort viele Menschen vor, die man einfach vergessen hatte (viele von ihnen jünger als sie selbst). Ruth wollte nicht, dass diese Menschen nur noch vor sich hin siechten, weil sich niemand mehr für sie interessierte. Sie verkündete, dass jeder vergessene ältere Mensch in Oklahoma City ein Weihnachtsgeschenk bekommen würde, selbst wenn sie das ganze Jahr brauchen würde, um die Geschenke vorzubereiten. Und Ruth machte sich sofort mit Leidenschaft an die Arbeit!

Ihr Haus wurde zu einem Lager für zukünftige Geschenke. Leere Schachteln und Kartons wurden an den Wänden aufgestapelt. In einem der Zimmer sammelte sie kleine Parfümflaschen oder Rasierzeug, bis sie sie in Weihnachtspapier verpackte. Wenn irgendwo ein Ausverkauf anstand, war sie dabei, um alle möglichen Artikel zum niedrigstmöglichen Preis zu erwerben. Gemeindemitglieder sprangen ein und spendeten Geld, um die wachsenden Kosten zu decken. Ruth hatte jederzeit Zugang zu meinem Büro, weil ihr Dienst mir persönlich und auch für die Gemeinde wichtig war.

Bei unserem jährlichen Thanksgiving-Gottesdienst bat ich Ruth, alle daran zu erinnern, dass Weihnachten vor der Tür stand und sie ihre Hilfe brauchte. Ich wusste nie, was sie sagen würde, doch sie hatte einen sehr lebhaften Stil. An eine solche Ansage kann ich mich besonders gut erinnern.

„Ihr wärt überrascht, was diese Leute alles *nicht* haben", erklärte Ruth. „Die einfachsten Grundbedürfnisse werden nicht erfüllt, wenn keine Familienmitglieder da sind, die sich um sie kümmern." Sie ließ ihren Blick über die Gemeinde schweifen und schaute dann die wohlbeleibten Männer in den Bänken an. „Wenn ich einige von euch dicken Jungs hier sehe, weiß ich, dass ihr helfen könnt. Ich will eure Unterwäsche!"

Das war Ruth.

An einem Freitagmorgen teilte ich meiner Sekretärin mit, dass ich nicht gestört werden wollte, weil ich meine Predigt fertigstellen musste. Eine halbe Stunde war vergangen, als ich einiges Rumoren im Vorzimmer hörte. Ich spitzte die Ohren, weil ich wissen wollte, was dort vorging.

238

„Robert sagte, er möchte nicht gestört werden", erklärte die Sekretärin.

„Das ist mir egal!" Ruth Stimme drang unter der Tür durch. „Ich muss ihn *sofort* sprechen!"

„Aber ...", protestierte die Sekretärin, „Sie können nicht ..."

Der Türknopf drehte sich, und Ruth stürmte herein. „Ich muss augenblicklich mit Ihnen reden!", verlangte sie. „Es kann nicht warten." Ihr rotes Haar stand ab, als hätte sie gerade in die Steckdose gefasst. „Sofort!"

Ruth ließ sich auf meine Couch fallen und fing an zu erzählen. Sie war zu Hause gewesen und hatte an ihren Weihnachtsgeschenken gearbeitet, als es geschah. Sie wickelte Schachteln in Geschenkpapier ein, als ihr ihre Tochter in den Sinn kam, die Jahre zuvor verstorben war. Lula Belles Leben war gewiss zu kurz gewesen, und Ruth hatte immer das Gefühl gehabt, die Situation sei irgendwie ungelöst. Sie hoffte, dass es ihrer Tochter gut ging, und war ganz sicher, dass sie im Himmel war. Dann musste Ruth an ihre Mutter denken. Lula Belle hatte Ruths Mutter immer so gerngehabt. Als Ruth über ihre Mutter nachdachte, hatte sie das eigenartige Gefühl, dass sie beobachtet wurde.

„Ich sah ans andere Ende der Couch", erzählte sie, und ihre Stimme begann zu zittern. „Und da waren sie! Standen einfach da! Lula Belle und meine Mutter."

Ich starrte sie an, völlig unsicher, ob ich sie richtig verstanden hatte.

„Sie sahen beide aus wie fünfundzwanzig. Wirkten überhaupt nicht wie Großmutter und Enkelin. Eher wie Schwestern. Sie sahen sich so ähnlich!"

„Sie ... Sie sind sicher, dass Sie sie gesehen haben?"

„So sicher, wie ich Sie jetzt vor mir sehe", meinte Ruth, und Tränen stiegen ihr in die Augen. „Ich konnte nichts sagen, doch irgendwie begannen wir wortlos zu kommunizieren. Als ob wir Gedanken hin- und herschickten." Ruth griff nach meiner Hand. „Sie sagten mir, dass es ihnen im Himmel unglaublich gut geht. Überall ist reines Glück, und sie warten nur darauf, dass ich auch komme. Es wird nicht mehr lange dauern, sagten sie, dann kann ich zu ihnen stoßen."

Ich kannte Ruth schon jahrelang und hatte nie erlebt, dass sie nicht die Wahrheit sagte. Sie war alles andere als realitätsfern, und sie war immer lebensfroh, wahrheitsliebend und überschäumend gewesen. Ruth Eaton hatte ihre Mutter und ihre Tochter viele Jahre nach deren Tod in ihrem Wohnzimmer stehen sehen. Es war keine Frage, dass dieses Erlebnis sie tief berührt hatte. Wie genau es vor sich gegangen war, wer weiß das schon?

Damals ahnte ich es noch nicht, doch ich sollte bei Ruth sein, als sie einige Jahre später starb. Durch diese und andere Erfahrungen lernte ich einige entscheidende Lektionen, wie man einen Menschen in den letzten Wochen, Tagen, Stunden oder Minuten seines Lebens begleitet.

Wie können wir helfen?

Ich war auf einer Gebetsklausur, zwei Bundesstaaten entfernt von meiner Gemeinde. Der Leiter rief mich aus einem Treffen heraus, weil Ruth Eaton am Telefon war und mich sprechen wollte. Peinlich berührt sagte er, dass die alte Dame sich nicht mit einem Nein abspeisen lassen hatte. Da ich Ruth gut kannte, verstand ich sein Problem!

Ruth teilte mir mit, dass der Arzt bei ihr Krebs diagnostiziert hatte. Sie wollte, dass ich betete und herausfand, ob sie sterben sollte.

„Ruth", sagte ich ihr am Telefon, „so läuft das nicht. Ich kann das nicht für Sie herausfinden."

„Doch, das können Sie! Sie gehen da jetzt wieder rein und beten noch ein bisschen weiter. Ich will wissen, worauf ich mich gefasst machen muss. Rufen Sie mich zurück, sobald Sie etwas wissen."

Nach einer längeren Gebetszeit hatte ich dann tatsächlich eine Ahnung, was geschehen würde, aber natürlich wusste ich es nicht genau. Als ich Ruth zurückrief, wollte ich eigentlich nichts davon sagen, doch Ruth ließ nicht locker.

„Kommen Sie schon", verlangte Ruth. „Sie müssen mit mir nicht um den heißen Brei herumreden. Sagen Sie mir, was Sie denken."

Schließlich rückte ich damit heraus. „Ich glaube, es besteht die Möglichkeit, dass Ihre Zeit gekommen ist."

„Ich wusste es!", sagte Ruth zufrieden. „Ich wusste es. Wenn Sie da drüben fertig sind, dann kommen Sie hierher, damit wir alles zu Ende bringen können."

Die meisten Menschen sind nicht so selbstbewusst wie Ruth Eaton. Zu diesem Zeitpunkt war sie Anfang 90. Als ich zu ihr kam, lag sie im Krankenhaus und wartete sehnlichst auf ihren Tod. Von mir wollte sie nur, dass ich mit ihr betete und alles zu einem guten Abschluss brachte.

Durch diese und andere Erfahrungen habe ich einige Dinge entdeckt, die sich für Sterbende als besonders hilfreich erwiesen haben. Diese einfachen Schritte sind eine Form eben der Heilung und Wiederherstellung, die Jesus allen Menschen geschenkt hat, denen er begegnet ist, und die auch wir unseren Mitmenschen weitergeben sollen. Ich glaube, dass jedermann mit diesem Ansatz etwas bewirken kann.

Denken wir daran, dass Jesus gesagt hat: „Ich bin der Weg und die Wahrheit und das Leben" (Johannes 14,6; L84). Diese Aussage stammt aus seiner Abschiedsrede beim letzten Abendmahl. Das Passahfest war für die Juden schon immer das zentrale religiöse Ereignis gewesen. Während dieser Mahlzeit bekräftigte Jesus seine Aufgabe und gestaltete gleichzeitig den Passahgottesdienst um. Wenn wir einen Schritt zurücktreten und diese Szene betrachten, stellen wir fest, dass Jesus von Nazareth auch eine höchst bedeutsame Handlung vollführte, um sich auf seine Kreuzigung vorzubereiten. Er unterwies nicht nur seine Apostel, sondern half ihnen auch zu begreifen, dass er die Verkörperung all dessen war, was er gelehrt hatte. Jesus von Nazareth demonstrierte, dass er der Christus war, der Retter der Welt. In diesem Gespräch im Obergemach redete Jesus nicht nur von einem Weg und einer Wahrheit, die einmal kommen sollten, sondern zeigte, dass *er selbst* die Personifikation dieser lebenswichtigen Zutaten für Hoffnung und Gewissheit war. Er selbst ist der Weg in den Himmel; Jesus war, ist und wird immer *Leben* sein!

Wenn Menschen wie Ruth Eaton sterben, lassen sie nicht nur diese Welt hinter sich, sondern erleben auch eine Umgestaltung, die ihnen *mehr* Leben schenkt, als sie jemals hatten! Diese Perspektive hilft uns, noch umfassender zu verstehen, was Jesus meinte, als er lehrte:

„Ich bin das Leben!" Es ist keine abstrakte Idee oder irgendein Hokuspokus, wenn man eine Beziehung mit Jesus Christus eingeht; vielmehr wird diese Beziehung eine fassbare Realität – und ganz konkret wird es dann, wenn jemand stirbt. Wenn wir das begreifen, können wir besser verstehen, wie wir sterbenden Menschen beistehen können.

Als Ruth Eaton mich bat, zu ihr ins Krankenhaus zu kommen, um „alles zu Ende zu bringen", lud sie mich damit auf ihre unverwechselbare Art ein, darum zu bitten, dass das Leben Jesu Christi ihr helfen würde, diese letzte Grenzlinie zu überwinden. Genau wie im Fürbittegebet können wir Sterbenden helfen, indem wir einen Dialog mit Jesus Christus beginnen, bevor wir das Krankenzimmer betreten. Wenn wir dann anfangen, für sie zu beten, können wir ihnen auf geheimnisvolle Weise tatsächlich die Quelle des Lebens näherbringen.

Schritte in die Ewigkeit

Ich möchte Ihnen nun einige einfache Anregungen geben, wie man das tun kann. Bevor ich Ruths Zimmer betrat, bereitete ich mich innerlich auf die Begegnung vor, denn ich habe herausgefunden, dass dies hilfreich ist, wenn man einem Sterbenden während seiner letzten Stunden beistehen will. Hier nun einige Möglichkeiten, die auch Ihnen vielleicht helfen.

Rückzug

Suchen Sie sich einen stillen Raum, zum Beispiel eine Kapelle, wo Sie nicht gestört werden. Setzen Sie sich hin und nehmen Sie sich einige Augenblicke Zeit, um innerlich zu Ruhe zu kommen. Wir leben in einer hektischen Welt voller Geräusche und Ablenkungen, in der wir andauernd unterbrochen werden. Vom Aufstehen bis zum Zubettgehen laufen Fernseher, Radio und Internet (und möglicherweise alle gleichzeitig). Amerikaner und Europäer scheinen Angst vor der Stille zu haben. Doch wir brauchen die Einsamkeit, wenn wir uns auf einen solchen Dienst vorbereiten wollen.

Vorbereitung

Atmen Sie einige Male tief durch und lösen Sie jede Spannung, die sich in Ihnen aufgebaut hat. Versuchen Sie zu spüren, wie sich Ihr Herzschlag verlangsamt und Ihre Muskeln entspannen. Oft beginne ich mit einem Rhythmus, in dem meine Gebete und meine Atmung in Einklang stehen. Beim Einatmen bete ich: „Komm, Heiliger Geist." Beim Ausatmen bete ich: „Komm, Herr Jesus." Das mache ich so lange, bis ich inneren Frieden und Ruhe verspüre. Wie ich im Abschnitt über das Fürbittegebet bereits erwähnt habe, bete ich manchmal das sogenannte Jesusgebet viele Male hintereinander: „Herr Jesus Christus, Sohn Gottes, erbarme dich meiner." Diese Wiederholung bringt mich nach und nach an einen Punkt, an dem mein Herz, mein Körper, mein Geist und meine Seele sich auf Gott einstimmen.

Ich habe herausgefunden, dass es nötig und hilfreich sein kann, eine Stunde lang so zu beten, auch wenn uns das endlos lang vorkommen mag. Es geht nicht darum, auf die Uhr zu schauen, sondern einem inneren Weg bis zu einem Punkt zu folgen, an dem man Kontakt mit Jesus Christus aufnimmt. Wer das oder etwas Ähnliches niemals getan hat, hat möglicherweise das Gefühl, dass er so eine lange Vorbereitung nicht braucht. Wenn Sie dieses Gefühl haben, ist das möglicherweise ein Zeichen, dass gerade Sie doch einiges an Vorbereitung brauchen!

Meditation

Gott spricht auf ganz individuelle Weise mit uns. Das sieht bei jedem Menschen anders aus, doch wir alle müssen eine Bestätigung dafür finden, dass wir keine Selbstgespräche führen und uns das, was Jesus unserer Meinung nach zu uns sagt, nicht einfach ausgedacht haben.

Vor einigen Jahren entdeckte ich für mich einen kleinen, aber wichtigen Hinweis. Einmal besuchte ich ein Gemeindemitglied im Krankenhaus, dem es sehr schlecht ging. Ohne meine Augen zu schließen, betete ich im Stillen und fragte Gott, ob der Betreffende sterben oder am Leben bleiben würde. Plötzlich schoss mir ein Gedanke durch den Kopf: *Nein, er wird nicht am Leben bleiben.* Ich blieb stehen und lehnte mich gegen die Wand. Ein zweites Mal sprach ich das Gebet. Und wieder kam die Antwort: *Nein, er wird nicht am Leben bleiben.*

Für mich war das eine große Überraschung, denn eigentlich hatte ich nicht den Eindruck, als ob das Ende schon nahe sei. Auch in anderen Fällen habe ich Gott auf eine Weise sprechen hören, die meinen eigenen Gedanken so fremd war, dass ich wusste, es stammte nicht von mir.

Bevor ich also diesen stillen Raum verlasse, bitte ich Gott um seine Führung, damit ich weiß, was er mit dem Sterbenden vorhat. Ist es möglich, dass der Betreffende wieder gesund wird? Wenn nicht, wie viel Zeit bleibt ihm dann noch? Was muss getan werden? Was kann ich tun, um zu helfen? Gibt es eine besondere Aufgabe, die ich persönlich erledigen sollte? Diese und ähnliche Fragen leiten mich, wenn ich herauszufinden versuche, wie mein nächster Schritt aussehen sollte. Auch wenn es nicht immer geschieht, ist es mein Ziel, Gott sprechen zu hören und mich für diese Möglichkeit zu öffnen.

Und wie geschieht das? Zwar achte ich darauf, nicht alles Gott zuzuschreiben, was mir durch den Kopf schießt, doch meiner Erfahrung nach sind unsere Gedanken oft der Ort, an dem Gott am deutlichsten zu uns spricht. Wenn mir eine Idee kommt, versuche ich sie sorgfältig zu prüfen und herauszufinden, ob Gott mir damit eine Richtung vorgibt. Nach längerem stillem Nachdenken beginne ich gewöhnlich eine Ahnung zu haben, was zu tun ist. Wenn nicht, bete ich einfach weiter für den Betreffenden. Dann mache ich mich auf den Weg und lasse alles Weitere auf mich zukommen.

Zuhören

In diesem Buch haben wir immer wieder betont, dass es wichtiger ist, Sterbenden zuzuhören, als ihnen Ratschläge zu erteilen oder irgendwelche Behauptungen aufzustellen. Darüber hinaus haben wir die Rolle untersucht, die Symbole dabei spielen können, wenn Sterbende uns etwas mitteilen wollen. All diese Möglichkeiten habe ich im Kopf, wenn ich einen Sterbenden besuche.

Wenn ich das Zimmer des Betreffenden erreiche, versuche ich mich still zu verhalten, bis ich die Situation eingeschätzt habe. Selbst wenn der Sterbende im Koma liegt, sollte man nicht einfach davon ausgehen, dass er nichts mitbekommt. Er kann sich durchaus bewusst sein, was mit ihm geschieht. Ich habe auch herausgefunden, dass jemand, der mit geschlossenen Augen daliegt, möglicherweise nur alle Ablenkungen im Zimmer ausgeblendet hat, jedoch immer noch wach ist. Der Betreffende könnte uns irgendwann damit überraschen, dass er die Augen aufschlägt und uns klar und deutlich vermittelt, dass er genau weiß, was vor sich geht.

Information

Wenn die Zeit gekommen ist, laut für den Betreffenden zu beten, sage ich ihm, was ich vorhabe. Es ist wichtig, dass der Patient weiß, was auf ihn zukommt. Je nachdem, wie gut ich die Person kenne und wo er oder sie geistlich steht, erkläre ich auch, wie er gemeinsam mit mir beten kann. Vielleicht lese ich ihm einen Bibelvers oder ein Gebet vor, das er mit mir zusammen beten kann. Wenn ich gar nicht weiß, wie ich den Glaubensstatus desjenigen einschätzen soll, frage und erkläre ich lieber einmal zu oft als zu wenig.

Manchmal lege ich jemandem die Hände auf oder salbe ihn mit Öl, wie es in der Bibel beschrieben wird. Dafür muss man kein ordinierter Geistlicher sein. Ich merke dabei immer wieder, dass diese symbolische Handlung uns, wie viele Symbole, helfen kann, uns innerlich Gott anzunähern.

Im Allgemeinen beginne ich damit, den Betreffenden zu salben, indem ich mit Öl das Kreuzzeichen auf seiner Stirn mache. Das ist in vielen christlichen Traditionen so üblich. Während ich das tue, spreche ich ein einfaches Gebet und sage: „Ich salbe dich mit Öl im Namen des Vaters, des Sohnes und des Heiligen Geistes. Amen." Vielleicht bete ich auch darum, dass der Heilige Geist den Betreffenden innerlich salbt, ihn von allem Bösen erlöst, ihn seine Nähe spüren lässt und ihm das ewige Leben schenkt.

Wenn ich den Betreffenden nicht gut kenne, frage ich ihn, ob es ihm recht ist, wenn ich ihn salbe. Dann erkläre ich, was ich dabei genau tue und welchen Sinn das hat.

Dann lege ich ihm oder ihr die Hände auf, während ich weiterbete. Damit will ich eine spürbare Verbindung zwischen Gott und dem Sterbenden symbolisieren. Dabei werden meine Hände manchmal warm oder sogar heiß. Viele Menschen, mit denen ich im Lauf der Jahre zusammengearbeitet habe, berichten von ähnlichen Erfahrungen.

Annahme

Der Sterbende reagiert vielleicht kaum oder gar nicht auf das, was ich tue. So eine ausbleibende Reaktion besagt unter Umständen aber gar nichts. Wie bereits gesagt, stöhnen viele Menschen in ihren letzten Stunden oder machen andere laute Geräusche. Das bedeutet nicht unbedingt, dass sie körperliche Schmerzen leiden, sondern kann auch ein Zeichen dafür sein, dass ihnen unsere Gebete über einen bestimmten Punkt hinweghelfen können. Manchmal braucht es eine Stunde Gebet, bevor jemand wieder ruhiger wird.

Wenn Sie einmal erlebt haben, dass jemand friedlich einschläft, nachdem Ihre Gebete ihm oder ihr offenbar geholfen haben, werden Sie bereit sein, bei jeder Gelegenheit zu beten, die sich Ihnen bietet!

Zum Schluss

Was braucht man für einen Dienst, bei dem man Sterbenden Mut zuspricht und ihnen beisteht? Mut.

Viele Menschen haben zunächst Hemmungen, für andere zu beten, und schon überhaupt, wenn es sich um Sterbende handelt. Wir alle haben Angst, dass aufgrund unserer Gebete nichts geschieht und wir uns zum Narren machen. Wenn das bei Ihnen auch so ist, denken Sie daran, Ihr Vertrauen auf Gott zu setzen und nicht auf sich selbst.

Wir begannen dieses Buch mit einem Blick auf die Verheißung des Apostels Paulus, dass Glaube, Hoffnung und Liebe bleiben, doch die Größte unter ihnen die

Liebe ist. Und ich möchte es auch beschließen, indem ich Sie und mich selbst daran erinnere, dass Liebe bedeutet, die Bedürfnisse unseres Nächsten über unsere eigenen zu stellen.

Am Anfang dieses Buchs gab ich der Hoffnung Ausdruck, dass es Ihnen helfen würde, sich dem Tod mit neuer Zuversicht und Gewissheit zu stellen. Wir untersuchten Nahtoderfahrungen und fanden heraus, dass sie mit den biblischen Verheißungen in Einklang stehen. Was Jesus Christus uns in der Bibel verhieß, scheint überall um uns herum bereits jetzt schon Wirklichkeit zu werden. Mindestens 15 Millionen Menschen haben die Linie überquert und sind ohne Angst vor dem Tod zurückgekommen. Ich finde das außerordentlich ermutigend.

Ich hoffe, Sie auch.

Anmerkungen

1 International Association for Near-Death Studies, P. O. Box 502, East Windsor Hall, USA – CT 06028-0502, E-Mail: office@iands.org.

2 Ebd.

3 Ebd.

4 „Winston Churchill's Inner Voice", *Mysteries of the Unexplained* (Pleasantville, NY: The Reader's Digest Association, 1982), S. 28f.

5 Raymond A. Moody, *Leben nach dem Tod* (Reinbek: Rowohlt Verlag, 1977), S. 184.

6 George Gallup: *Adventures in Immortality* (New York: McGraw Hill, 1982).

7 P.M.H. Atwater, *Beyond the Light: The Mysteries and Revelations of Near-Death Experiences* (New York: Avon Books, 1995).

8 Melvin Morse in Zusammenarbeit mit Paul Perry: *Closer to the Light: Learning from the Near-Death Experiences of Children* (New York: Villard Books, 1992).

9 J.I. Packer, Vorwort zu Ajith Fernando, Crucial Questions About Hell (Wheaton: Crossway Books, 1991).

10 P.M.H. Atwater, *The Complete Idiot's Guide to Near-Death Experiences* (New York: Alpha Books, 2000), S. 32f.

11 Ebd., S. 31.

12 Maurice Rawlings, *Jenseits der Todeslinie: Neue klare*

Hinweise auf die Existenz von Himmel und Hölle, Christliche Buchh., 1996.

[13] Don Piper/Cecil Murphy, *90 Minuten im Himmel* (Asslar: Gerth Medien, 2007).

[14] Ebd., S. 217.

[15] Susan Blackmore, *Dying to Live: Science and Near-Death Experience* (New York: HarperCollins, 1993).

[16] Ron Wooten Green, *When the Dying Speak* (Chicago, Loyola Press, 2001), S. 2.

[17] P.H.M. Atwater, *Children of the New Millennium*, 1998 im Selbstverlag erschienen, erhältlich direkt bei Dr. Atwater, P. O. Box 7691, Charlottesville, VA 22906-7691, USA.

[18] Stephen W. Hawking, *Eine kurze Geschichte der Zeit* (Reinbek: Rowohlt, 1998), S. 233.

[19] „Faith and Reason", *The International Jerusalem Post*, 22.-28. September 2006, Jerusalem, Israel, S. 9.

[20] Scott Slater und Alec Solomita, *Exits: Stories of Dying Moments and Parting Words* (New York: Dutton, 1980), S. 19.

[21] Milton Cross und David Ewen, *Encyclopedia of the Great Composers and Their Music* (Garden City, NY: Doubleday, 1962), S. 603.

[22] Joan Didion, *Das Jahr magischen Denkens* (Berlin: Ullstein, 2008), S. 7.